国家出版基金项目
NATIONAL PUBLICATION FOUNDATION

社会主义核心价值体系建设
"双百"出版工程

项 目

/100位

新中国成立以来感动中国人物/

丛　飞

徐　华/著

吉林文史出版社

前　言

　　每个人的心中都多少有一点英雄情结，都向往英雄、景仰英雄。也正因此，在中华人民共和国建国六十周年之际，由中央十一部委联合组织开展的"100位为新中国成立作出突出贡献的英雄模范人物和100位新中国成立以来感动中国人物"的评选活动中，群众参与投票总数近一亿。这其中的每一张选票，都表达了人们对英雄模范的崇敬之情，寄托着对伟大祖国的美好祝福。

　　一个民族不能没有英雄，否则这个民族就不会强大。当国家危难之时，懦弱者选择了逃避、妥协甚至投降，英雄们却挺身而出，用热血捍卫民族的尊严，人民的幸福。在创立和建设新中国的伟大历程中，涌现出无数可歌可泣的英雄模范人物。他们之中，有为了民族独立和人民解放而英勇牺牲的革命先烈，有为了党和人民的事业而不懈奋斗的优秀共产党员，有在全民族抗战中顽强奋战、为国捐躯的爱国将士，有英勇杀敌的战斗英雄和革命群众，有积极从事进步活动的著名民主爱国人士和国际友人……他们是民族的脊梁、祖国的骄傲，是激励全体人民团结奋斗的精神力量。

　　《100位新中国成立以来感动中国人物》丛书，就像一部星光璀璨的英雄谱，真实、完整地记录了英雄模范人物不平凡的一生，再现了他们非凡的人格魅力和精神世界。舍身堵枪眼的黄继光，拼命也要拿下大油田的王进喜，中国原子弹之父邓稼先，新时期领导干部的楷模孔繁森……一串串闪光的名字，一个个动人的故事，犹如群星闪烁，光耀中华。

　　当今中国正处于伟大变革的时代，迫切需要涌现出一大批勇于承担历史使命、为祖国和人民奉献一切的先进人物。在"双百"人物崇高精神的引领下，在建设社会主义现代化国家的征程中，必将英雄辈出。

生平简介

丛飞（1969-2006），原名张崇，生于辽宁省盘锦市大洼县庄台镇。凭着对艺术的无比热爱和一副天生的好歌喉，他进入沈阳音乐学院专修声乐，主攻男高音。1994年，他被深圳改革开放的美好前景所吸引，辞去公职闯深圳，成为活跃在深圳群众舞台的一名自由歌手，后被著名歌唱家郭颂发现并收为"关门弟子"，入选《中国音乐家辞典》。

1995年，丛飞在参加多种扶贫助学的演出中，对贫困地区读不起书的孩子产生了一种强烈的责任感，从此竭尽全力对贵州等贫困山区孩子进行资助，直到2005年身患重病无钱医治的时候，他依然将别人帮助他的医疗费继续资助孩子们读书，直到他生命的最后时刻。

依丛飞生前遗愿，他病逝后将眼角膜捐献出来，帮助6名眼疾患者重见光明。

在37年的短暂人生中，丛飞长达10年的慈善资助，资助了183名贫困儿童，累计捐款300多万元。他用歌声筑建舞台，用爱心点亮生命。他的事迹感动并影响了成千上万的人，高票当选2005年度感动中国人物，当选中华慈善人物，被授予"100位新中国成立以来感动中国人物"。

1969-2006
[CONGFEI]

◀ 丛 飞

目录 MULU

永恒的微笑——献给爱心大使丛飞（代序）

徐　华

至今不愿相信你已经走了。那样高尚而完美的一颗灵魂，怎么能走呢？！

刚认识你时，你的微笑给我留下了深刻的印象，它是那样的阳光灿烂，那样的魅力四射；一年后与你永别，难忘的依然是你的微笑，它是那样的感天动地，那样的撼人心魄。

忘不了，2005 年 4 月 5 日，第一次见到已经身患重病却无钱治病的你。当时，你将 300 多万的家财全部捐献给了贫困山区的孩子和残疾人，而给自己留下的是 17 万的外债和一个积劳成疾的病体。看到你有些悲壮的困境，许多人眼里含泪，可你的脸上却依然挂着笑容，那么平静，那么坦然。我问你：″帮别人将自己帮成这样，不后悔吗？″你说：″看到那些念不起书的孩子一天天长大，我有一种成就感，就像一个农夫看到自己培育的庄稼在茁壮成长，有一种特别的满足。″

那一刻，你的微笑魅力四射！

2005 年 5 月 13 日，你被发现患有低分化腺胃癌并已广泛扩散。那天上午，医生打开你的腹腔后又无奈地原样缝合。主刀医生潘凯博士遗憾地告诉我们：″如果他能早半年来医院治疗，情况会完全不同。现在，一切都来得太迟了，没有办法了。″次日，趁家人不在身边，你向我留下了嘱托：″妻子邢丹跟我吃了太多的苦，我对她没有尽到做丈夫的责任，死后怎么忍心再让一个年幼的孩子来拖累她今后的人生？请你想办法劝说邢丹打掉腹中胎儿；不能因为我的离去而使那一百多个孩子重新辍学，一定要呼吁社会上更多的爱心人士向他们伸出援助之手，帮他们完成学业。如果孩子们能学有所成，日后都成为社会的有用人才，我在九泉之下也会含笑了。″

那一刻，你的微笑顶天立地！

2006 年 6 月 4 日，一直受你资助的湖南省汉寿县文联副主席胡诗词得知你身患绝症，坐着轮椅赶到深圳看你。当时，你正在经历着痛苦不堪的化疗，无法吃饭也无法入睡，周身的剧烈疼痛折磨得你苦不堪言。可见到胡诗词的那一刻，你依然想着自己对他的责任。你将别人送你治病的1.3万元钱塞进了胡诗词的腰包。胡诗词说什么也无法接受，泪流满面地哭诉："八年了，你自己省吃俭用，却供我念完了大学，在我身上花了9万多元。没有你的资助，我至今还是一个生活无着落的乞丐，怎么可能成为一名作家？如今你病成了这样，我怎么忍心再花你这救命钱？"你一边捂住胡诗词往外推钱的手，一边动情地对他说："我能帮你的日子不多了，这就算是我对你的最后一次资助吧！"

胡诗词听罢号啕大哭，在场的每一个人都泪流满面。你拉着胡诗词的手，微笑着安抚他说："别哭，男子汉大丈夫流血不流泪！"

那一刻，你的微笑光彩夺目！

2006年3月初，你已被病魔折磨得骨瘦如柴、奄奄一息。看到医护人员每天一如既往地为你输液用药，你说："我已经无药可医，不要再在我身上浪费药物了，把有限的医疗资源用到别的病人身上吧。"看到医生们不肯接受你的这个要求，你又劝说家人和朋友们去做医生的工作。家人含泪在拒绝治疗的相关文件上签字。次日，你留下了遗嘱，要求死后将眼角膜等有用器官捐献给有需要的病人。

两周后，你已经不能进食甚至不能喝水，弥漫于全身的蜡黄让人不忍目睹。我去看你，你悄声地对我说："我父母对我捐献眼角膜的事一直想不通，我担心走后实现不了这个心愿。你哪天让眼科医院的姚晓明博士来我这里一趟，我当面叮嘱他几句话。"

第二天，我陪姚晓明来到了你的病房，你悄声对姚晓明说："无论遇到多大的阻力，你都要坚持到底，帮我实现这最后一个心愿！"临别时，你拉着姚晓明的手叮嘱："记住，到时候别忘记我们的约定！"看到姚晓明眼含热泪坚定地点头，你露出了欣慰的微笑。

那一刻，你的微笑惊天动地！

2006年4月20日20时40分，怀着对这个世界无比的热爱，你走完了三十七年短暂而闪光的人生。就在那万人痛哭的时刻，六位在黑暗中摸索的盲人接受你最为珍贵的捐赠，他们透过你那晶莹剔透的眼角膜，重新看到了这个美好的世界。

丛飞，感天动地的丛飞！你没有死，你还活着，活在那六双格外明亮的眼睛里，活在成千上万人的心底里，活在你为这个时代提升的精神境界里！

义无反顾走上慈善之路

→ 义演改变人生

★★★★★

　　沿着丛飞 37 年闪光的人生足迹，我们走近丛飞。

　　1969 年，丛飞出生在辽宁省盘锦市大洼县庄台镇。这个贫困的八口之家全凭父亲每月 36 元的收入勉强维持。多次因交不起学费而被老师赶到教室外边罚站的经历，成了丛飞幼小心灵里最深的记忆。初二时，丛飞被迫辍学回家。失学的丛飞不甘心向命运屈服，他认定凭自己洪亮的歌喉可以实现当歌星的梦想。于是，他历尽千辛万苦四处拜师学艺。他出色的嗓音条件和执著顽强的求学精神打动了男高音歌唱家厉铁成。在他的精心培养下，丛飞的歌唱技艺快速提高，终于进入沈阳音乐学院声乐系，师从著名声乐教育家鲍延义，开始了他的艺术人生。

　　1992 年冬天，丛飞放弃了辽宁省盘锦市大洼县农业银行的铁饭碗，奔向中国改革开放的最前沿广州，两年后又转往深圳。凭着他出色的男高音和小品、口技等多方面艺术才华，他很快成为一名受观众喜爱的演员，他的舞台也从深圳和广州一直延续到北京的人民大会堂，多次与宋祖英、蒋大为、关牧村、戴玉强等著名歌唱家同台献艺，还多次应邀到国外演出。他深厚的艺术功底和德艺双馨的良好口碑，先后获得二十多个国家级、省级艺术奖项，成为"广东省优秀音乐家"。

1994年，丛飞在四川成都参加的那场为失学儿童重返校园的慈善义演令他终生难忘。这次义演改变了他的人生。那天，观众席上坐着几百名因家穷辍学的孩子，他们中最大的不过十五六岁，最小的只有八九岁。这么小的孩子，如果不能上学读书，等待他们的将会是什么样的命运？丛飞不禁想起了自己苦难的童年。他毫不犹豫地将身上全部的现金2400元钱放进了捐款箱。看到丛飞在免费义演的情况下还捐出了全场最多的一笔助学款，主持人非常高兴，当场告诉丛飞说："你捐出的这2400元钱，可以使20个贫困山区的小学生完成两年的学业！"大家对丛飞的善举报以热烈的掌声。

听着雷鸣般的掌声，看着孩子们激动的笑脸，一股从未有过的快乐洋溢在丛飞的心头："2400元钱可以改变那么多孩子的命运，这是一件多么有意义的事啊！"那一刻起，他下定了决心：要通过自己的努力改变更多贫困学生的命运！从此，他开始了为希望工程义演和认养贫困失学儿童的爱心之旅。他先后二十多次赴贵州、湖南、四川、山东等贫困山区举行慈善义演，为当地的失学儿童筹集学费。同时，他还先后认养了几十个孤儿及残疾人，不但要负责他们的学费，还负责他们的生活费。自 1995 年丛飞正式认养资助第一批辍学儿童以来，他已经资助了来自贵州、湖南、四川、云南及山东等地的贫困学生 146 人，其中有彝族、布依族、苗族、白族、羌族等十多个少数民族。在他身患癌症住院治疗的前一年，他又在贵州毕节地区织金县认养了 32 名孤儿和贫困学生，资助的孩子总数达到 178 个。

 大爱无言

★★★★★

　　贵州省织金县官寨乡副乡长徐习文是丛飞在贵州捐资助学的承办人，丛飞资助的许多贫困孩子都是由徐习文介绍并联络的。他告诉记者："丛飞对贫困山区人民的那颗赤子之心，常常感动得我们热泪盈眶。来贵州扶贫助弱的单位和个人也不少，但没有谁能像他这样达到了完全忘我的境界。他 6 次来

△ 看到贵州贫困山区孩子们贫苦的生活，丛飞搂着孩子们流下了动情的泪水

织金县和安顺市为贫困生送学费，走时不但捐光了几万元甚至十几万元的钱物，还要向随行的朋友借钱捐，有几次甚至连身上穿的衣服都脱下来捐了，大冬天只穿着一件短袖内衣返回了深圳。看着他在寒风中微微发抖的背影，我们在场的人都流泪了。"

当年 18 岁的女孩王维珊，从小体弱多病，可她仍以顽强的毅力努力学习，成绩优异。然而，一贫如洗的父母根本拿不出钱来供她读中学，小学毕业时，王维珊面临着辍学回家的困境。2001 年，丛飞来织金时得知了王维珊家的情况后，马上将王维珊列入自己的资助名单，鼓励她说："从今以后，你读书的所有费用都由我来负责，无论你读到哪里，我就会供你到哪里。"当年，王维珊以优异的成绩从官寨乡中心学校考入了县里的重点中学。丛飞每年给她寄去 1500 元的学费，还给她的家里寄去 600 元的生活费，让她安心坐在教室里读书。

王维珊的母亲说起丛飞对她一家的帮助，心情难以平静："丛飞多次来我家看望，不但给我们留下孩子的学费，还给我留下治病的钱。看到老人身上的衣服破烂不堪，他竟脱下自己的外衣穿在老人的身上。"

几年过去了，在丛飞的帮助下，王维珊高中毕业参加了高考，她母亲的身体也有了很大的好转。听到丛飞身患重病住院的消息后，王家人一连哭了几天。

王维珊一次又一次地给丛飞写来充满深情的信："爸爸，从您身上，我第一次知道伟大可以这样具体，爱心可以这样博大。当您将辛苦挣来的钱毫不吝啬地送到众多贫困学生和他们家长的手中时，当您顶着烈日寒风一次又一次地长途跋涉探望您的孩子们时，当您将身上外套脱下来亲手披在另一个羸弱的身体上时，爸爸呀，您是怀着怎样一颗博爱仁慈的心啊……"

少数民族女孩晏语轻轻是丛飞 2001 年认下的"女儿"。第一次与"爸爸"见面的情景，令晏语轻轻终生难忘。2001 年，丛飞来贵州为希望工程义演并为所资助的孩子送学费，瘦弱的晏语轻轻引起了丛飞的注意。看到这个小女孩那双与她的年龄极不相称的忧苦眼神，丛飞抚摸着她的头，问她说："小姑娘，你的书读得怎么样？家里有钱交学费吗？"看着丛飞父亲般慈爱的目光，当时只有 10 岁的晏语轻轻眼睛一热，泪水下来了："我爸爸在我生下来不久就不要我了，妈妈在外极少回家，家里只有我一个人生活，我连学费也交不起，大家都说我和没爹没妈的孤儿差不多……"丛飞一把搂过这个瘦弱的小女孩，鼻子发酸："孩子，从今以后，我就是你的爸爸，我来供你读书。"

从此，丛飞开始承担她每年的学费和生活费，并时常叮嘱织金的熟人去关心晏语轻轻。晏语轻轻从来没有离开过山寨，对外边的世界充满了好奇。2004年6月，丛飞去贵州时曾答应有时间接晏语轻轻来深圳玩几天，让她看一看大山外边的世界。然而，由于工作一直繁忙，丛飞没有时间实现对孩子的这个承诺。2005年1月下旬，丛飞胃病开始严重，已经无法登台演出，他在病榻上想起了贫困山区的孩子们时，对妻子邢丹说："上次去贵州时，我曾答应接晏语轻轻来深圳过年。现在她已经放寒假了，一定天天盼着我们

▽ 患病前的丛飞在为演出排练

接她的消息呢。你尽快联系机票把她接来，不要让孩子失望。"邢丹听罢，感到有几分为难：丛飞的病情如此严重，哪里有余钱给晏语轻轻买往返的机票呢？看到妻子的迟疑，丛飞态度坚决地叮嘱说："我的病不要紧，你先给孩子买机票吧。"

2005 年 1 月 26 日，14 岁的晏语轻轻终于来到了深圳"爸爸"的家中。丛飞拖着病体亲自去机场接她，一路上把深圳的美丽景观介绍给第一次走出山寨的孩子。随后的几天，他和邢丹一起陪着晏语轻轻经历了许许多多她生命中的第一次：第一次吃麦当劳，第一次吃涮羊肉，第一次乘电梯，第一次去儿童公园，第一次逛大商场，第一次穿上了漂亮的新衣服……她兴奋地对丛飞说："爸爸，你病成这样还接我来深圳过年，将来长大了，我一定要好好报答爸爸！"看着孩子高兴的样子，丛飞这样对她说："你好好学习，健康成长，将来成为一个对社会有用的人才，就是对爸爸最好的报答。"

看到晏语轻轻每顿饭吃得很少，细心的丛飞赶紧又带着她去医院检查，结果发现她患有肝炎。丛飞不顾自己的病痛，一次又一次地带她去医院治疗，每天亲自照顾她服药。二十多天后，晏语轻轻的病情得以好转，她的假期也快结束了。丛飞到医院又开了一些药让她带回贵州服用，还给了她 1000 多元钱，让她回去后坚持治疗。将晏语轻轻送上飞机后，丛飞放心不下，打电话给她的姨妈，详细讲述了孩子的病情，并叮嘱她要监督晏语轻轻服药。

丛飞像慈父一样，为那一百多个孩子付出了他全部的爱。孩子们对这份爱格外珍惜，都亲切地叫他"爸爸"。丛飞将自己的家庭地址告诉了孩子们，把自己的手机和家里电话也都告诉了孩子们，他们无论是生活中遇到了困难还是有什么要求，都可以随时与丛飞取得联系。而丛飞对于孩子们的各种要求，也会尽最大的努力给予满足。他每个月都要跑几次书店，给孩子们买课外辅导资料，买英语磁带，甚至买复读机、录音机、MP3 等等，然后再跑到邮局给孩子们寄去。

为了使更多的失学儿童得到帮助，丛飞每年都要去湖南、贵州等地举行助学义演，把演出的全部收入都捐助给了当地的希望工程，使一批又一批的孩子重返了校园。在湖南汉寿，丛飞出资 10 万元建起了"丛飞助学基金"，专门用于资助那些学习成绩优秀而家境贫寒的学生完成学业。

痴心不改

★★★★★

　　走进丛飞位于深圳市罗湖区翠竹北路那
个面积只有58平方米的小家，俭朴的程度令
人难以置信：

　　廉价的防盗门上的铁皮已经破出了半尺
多长的大洞，门锁彻底失灵，每天只能虚掩
着。狭小的厨房不足两平米，去了安装炉灶
的地方，只能进去一个人。屋里没有任何值
钱的家当，衣柜里的衣物，都是些三五十元
钱的便宜货，唯一有些档次的就是那套白色
的演出服。然而，墙上挂着的那些奖状和奖
章，证明着这个清贫之家主人的不平凡之处：
"鹏城青年爱心荣誉勋章"、"关心支持深圳
青少年事业发展突出贡献奖"、"深圳市五星
级义务工作者奖"、"深圳百名优秀义工"、"深
圳市优秀外地来深建设者奖"、"2004年度
深圳十大新闻人物"、"2004年度广东省优

秀音乐家"以及共青团中央授予的"中国百名优秀青年志愿者"等等。

作为一名没有稳定收入的自由歌手，丛飞在供养着一百多名贫困生的同时，还资助着几十名残疾人及孤儿，付出的代价可想而知。据他身边的朋友们讲，丛飞常常是收到一笔演出费后，不是给了贫困地区的孩子，就是给了残疾人和孤儿，自己根本存不下钱。他来深圳十多年，从来没有为存钱办过存折。家中唯一的一个存折，还是买房搞按揭时被要求办的，因为银行要用来扣住房贷款和水电费。为了那一百多个孩子的学费，丛飞的经济状况时常捉襟见肘，有几个月连供银行按揭的钱都成了问题。

看到演艺圈的朋友们都先后住上豪宅，开上了私家车，丛飞当时的妻子十分羡慕，对他把血汗钱都资助了别人的做法不能理解。她一次又一次地劝丛飞多为自己和家庭想想，可丛飞却态度坚决："我们有房住有饭吃，没必要与别人攀比房子与汽车。山区的那些孩子眼巴巴地等着我的钱完成学业，我怎么忍心让他们失望？"

2001年底，丛飞刚将3000元钱交到妻子手中，便接到了一个贫困山区孩子的电话："我父母因为两个姐姐的上学问题又吵架了，爸爸不让姐姐再去读书了。您能不能再多给我家一些钱，让姐姐继续读书？"那一年，丛飞已经为贫困山区的孩子们花去了十几万，而交到妻子手中养家糊口的钱却不足两万元。接到这个要钱的电话，丛飞犹豫了许久，还是向妻子张了嘴："为了一个家庭的稳定和两个孩子的前途，你把那3000元钱先给我，就算我借你的。"妻子气愤地数落他："你把血汗钱都给了别人，却让我和孩子跟着你过这样的穷日子，你真是天底下最大的傻瓜！"

　　想起结婚几年来的生活，丛飞对妻子和女儿充满了愧疚。他安慰妻子说："等我把这批孩子供到毕业后，我一定让你和孩子过上好日子！"妻子听罢，更是气上加气："等你将他们供到毕业，我和孩子要等到什么时候？这样的日子我过够了！"

　　最后，妻子去法院起诉离婚，将年仅 2 岁的女儿睿睿留给丛飞后走了。抱着年幼的女儿，丛飞哭了。他没有想到自己对社会的一份爱心和责任感竟带来了家庭破裂的后果。他一度陷入了痛苦的深渊。

　　面对儿子因为帮助别人而将自己的生活陷入困境，丛飞的父母也不能理解："做好事也要讲个分寸，要把自家生活先安排好，哪能像你这样只为别人不想自己？"尽管父母多次劝说，可是每到开学初，丛飞还是会把手里的钱都给那些孩子交了学费。

　　2003 年秋天，丛飞的父母来深圳看儿子，发现小孙女睿睿说什么也不肯去幼儿园。在他们的追问下，孩子说，由于爸爸没交托儿费，她不敢见老师。母亲问丛飞为什么不给孩子交托儿费，他嗫嚅了半天才不得不告诉母亲，他把所有的钱都给贫困孩子交了学费，拿不出托儿费的钱。无奈，母亲只好将自己的退休金拿出来给孩子交了托儿费，才使孩子重新回到了幼儿园。面对父亲的责备，丛飞这样解释说："睿睿读的是幼儿园，晚去几天没什么，可那些等着学费读书的孩子一旦交不起学费就会失学，那会毁了他们的一生。再说，我已经承诺要将那些孩子供到毕业，怎么能半途而废不讲信誉呢？"

　　面对亲人的不解和责备，丛飞只能默默地承受着。没过多久，新的痛苦又接踵而至。那是妻子离开他半年后，一个丛飞资助了6年的大学毕业生给他打来了电话："你为什么要向记者说是你资助我读完的大学,而且还说出了我的真实名字?" 丛飞听罢，感到有些莫名其妙，一时不知如何回答。对方十分气恼地说："现在这篇文章已经在网上转载了,让我在学生面前很没面子。我要求你今后不要再向别人说起这件事，过去的已经永远过去，我不愿再重新提起。"这位如此"要面子"的教师挂断电话前，叮嘱丛飞要想办法将那篇文章从网上删掉。从此，这位用丛飞血汗钱读完大学成为教师的青年，与恩人断绝了联系。随后，从某音乐学院毕业的小A因为毕业时求丛飞找工作没能如愿，竟也与资助了自己三年的恩人"各走各的阳关道"。

辛辛苦苦资助成才的大学生如此忘恩负义，使丛飞再度陷入了痛苦之中。然而，痛苦并没有使他忘记自己肩上的责任。几个月后，他又像往年一样，带着6万元钱和大批衣物，千里迢迢赶到贵州看望孩子们去了。

听说丛飞来了，孩子们大清早就等候在村口路边，在烈日下苦盼了六个多小时后，才见到了他们日思夜想的恩人。孩子们争相扑进丛飞的怀里，叫着一声声甜甜的"爸爸"。那一刻，他说一切付出都值得。

 ## 17万外债

★★★★★

从 2003 年"非典"开始，丛飞的商业演出骤减，时常几个月拿不到一场商业演出费，他所资助的一百多名贫困山区孩子们的学费便成了问题。为此，他常常急得昼夜难眠。尤其是到每年春夏两季的新学期开学前后，听着孩子们和家长陆续打来的催问学费的电话，他更是急得茶饭不思。为了不耽误孩子们的学业，万般无奈的丛飞先后伸手向朋友们借了 17 万元的外债。

"你用自己的血汗钱帮助别人也罢了，怎么能为帮助别人而借钱？"听到家人或朋友的劝说，丛飞一次次地耐心解释："我从资助这些孩子之初就承诺他们，只要他们努力学习，我会尽最大的努力将他们供到高中毕业甚至大学毕业。如今他们都还没有毕业，我怎么能半途而废呢?"说起那些亲切地称丛飞为"爸爸"的孩子,丛飞的心情就难以平静:"他们把改变自身命运的希望全部寄托到了我的身上,我怎么忍心让他们失望呢?"

"可是,你有没有想过这些债务会给你自己带来怎样的压力?"听了记者的问话,丛飞叹了一口气:"以我当时的演出收入,在一年内还上这17万元不会有问题。可我做梦也没有料到,随着身体一天天力不从心,我的商业演出一天比一天少,直到后来病倒无法演出,这17万元的外债也就成了我心底的一块长久的痛。每天躺在病床上想起这件事,我就觉得特别对不起我的这几位朋友,他们当初那么信任我,可我却辜负了他们。尽管他们都不断地安慰我,从来也没人向我提起欠债的事,但我心里一直为这事特别着急,它成了压在我心头的一块大石头。"说起这些外债,丛飞满脸忧愁。

深圳宝安公安分局沙井派出所姜先生是丛飞的"债主"之一。他在一次慰问演出中认识了丛飞,对丛飞豪爽的为人和只讲奉献不求回报的人品十分赞赏,两个人渐渐成了朋友。2003年8月,丛飞为所资助的贫困山区孩子的学费发起了愁,便问他能不能先借他1万元钱。姜先生马上借给了他,丛飞高兴地说:"我代表山区的穷孩子们谢谢你!"丛飞当天将这笔钱寄往贵州织金县,将二十几个孩子的学费补齐。

姜先生说:"与丛飞接触过的朋友们都知道,如果不是为了那些孩子的学费,他不但不用借钱,生活还会过得很富裕。他那颗对贫困学生的爱心啊,真是令人感动。当初借给他这1万元钱的时候,我就没想过让他还,就算帮他了。如今他已经病成这样，更不可能再收他的钱了。"

可丛飞不肯，一定要把这笔钱还上。"他当初借给我这笔钱已经帮我解了燃眉之急，我怎么能因为他不要就不还了呢？"当记者把丛飞的话告诉姜先生时，他态度坚决："他借钱是为了帮助那些穷孩子，这钱就算我和他一起为那些孩子献爱心了，无论怎么样，我都不会收这笔钱的。"在接受记者采访时，姜先生一再叮嘱："丛飞为社会无私奉献的精神可歌可泣，我能为他做些力所能及的小事，是应该的。"

在丛飞的17万元债务单上，中国人寿保险公司深圳分公司的营销三部主任林燕是最大的"债主"，丛飞向她先后借款达8.8万元。对于一个工薪阶层来说，这绝非一笔小数目。然而，被丛飞舍己为人精神深深感动的林燕为此无怨无悔。获悉丛飞身患晚期胃癌后，林燕悲恸欲绝："这样一个高尚无私、把自己的一切都奉献给了社会的大好人，怎么会这样倒下呢？"她放下了手边的一切事情，与丛飞的家人和朋友们一起，加入了照顾丛飞的行列。"他把自己的一切奉献给了社会，我们应该让他感受到社会的温暖！"

提起丛飞当初向她借钱的往事，林燕眼里含泪。"2002年秋天，正在外地演出的丛飞给林燕打来电话，说他在山东资助的一个大学生准备考研究生，向他要2000元请老师补课。他自己手边没钱，让我先替他寄去。我当天就替他寄了2000元。随后不久，贵州的一批孩子考上了高中，原来的几百元资助款不够用了，让丛飞尽快补上几乎翻了一番的学费。丛飞此时也是在外地演出，于是，又让我替他寄走1万多元。"就这样，在两年多的时间里，林燕先后借给了丛飞8.8万元。

　　为了还上朋友们的这些债务，丛飞曾进行了不懈的努力。丛飞的妻子邢丹告诉记者："丛飞在胃病已经十分严重的情况下拒绝治疗，不停地四处演出，就是为了尽快还上这些债务。可由于他身体一天不如一天，再加上前来找他参加各类义演的人过多，他常常是忙了十天半个月却收不到一笔演出的报酬。为此，他很着急，有一段时间昼夜睡不着觉，觉得对不起朋友们。"

　　丛飞为社会无私奉献的感人事迹在社会上传开后，多位爱心人士向他伸出了援助之手。他收到一些捐助款后，首先想到了两个用处，一是给山区的孩子们捎去这学期的学费，二是尽快将欠朋友们的钱还上。丛飞凑足9万元钱后请来林燕。他要先把最大的一笔债务还上。为了能让林燕收下这笔钱，丛飞趁病房里没人时，拿出了9万元钱塞进林燕的背包："我现在终于有能力还你的钱了，请你收下。"林燕看着瘦弱不堪的丛飞，说什么也不肯收："别人捐赠给你的这些钱是用来治病救命的，我说什么也不能收！"丛飞见林燕坚决不收，急得眼泪都快流下来了："如果没有你的及时相助，说不准已经有孩子被迫辍学了。山区的孩子们忘不了你，我一辈子也忘不了你。如果你不收这笔钱，我死也不会瞑目。"

林燕坚决不肯收下这笔钱，丛飞情绪激动地要给林燕双膝跪下。无奈，泪流满面的林燕只好收下了这令她落泪的 9 万元钱。

　　看着林燕流泪离去的背影，丛飞轻松地露出了笑脸：“我终于还上一大笔欠款了，心里别提有多轻松了。”随后，他又对妻子邢丹说：“我现在还欠着三个人的 8 万元外债，一定要在我的有生之年彻底还清。”

当灾难突降之时

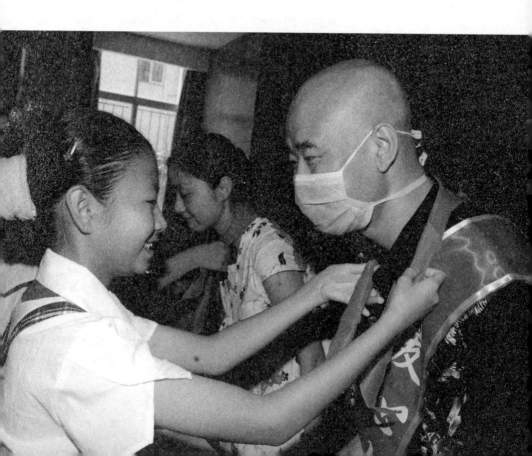

→ 生死关头

★★★★★

2005 年 1 月，丛飞抱病参加了为东南亚海啸灾区进行的 6 场赈灾义演。那时，丛飞已经患上了胃癌，连食物都已经难以下咽了。然而，接到赈灾义演的通知后，他还是毫不犹豫地答应了。他以顽强的毅力坚持参加了6 场演出，还将用于治病的 1.5 万元钱捐献了出去。当丛飞忍受巨大的痛苦坚持完最后一场演出时，他的额头挂着豆大的汗珠。那天晚上，丛飞大口吐血并昏迷了许久。

家人将丛飞送到医院时，医生说他必须马上入院治疗，否则会有生命危险。由于没有医疗保险，丛飞治病只能全部自费，这对于没有任何积蓄的丛飞来说，无疑是一笔难以承受的支出。住院 3 天时，他看了一下医疗收费表，吓得瞪大了眼睛："3 天就花去1800 多元，再住下去，我们拿什么交医疗费呀？"他强迫家人办理了出院手续。由于没有进行系统的治疗，丛飞的病情迅速加重，他的胃部昼夜不停地疼痛，整夜用枕头顶着。随后，他视为生命一样的嗓子，也出现了严重的问题，嘶哑得连说话都感到吃力了。他再也不能像从前那样将新学期的学费送到孩子们的手中了。并不知情的一些孩子和家长见丛飞迟迟没有送来学费，不时打来电话催讨，令丛飞焦急万分，体重在两个多月里下降了30多斤。而此时，他连几百元的药钱都拿不出来了。

4月22日，在记者和人民医院医务部主任王玉林的努力下，已经不断吐血、便血的丛飞住进了深圳市人民医院消化内科，医院同意在他拿

▽ 2005年初，丛飞与赵本山一起当选央视"三农人物"

不出治病钱的情况下为他进行治疗。住院一周，他的胃出血彻底止住，胃部溃疡也快速好转。丛飞十分高兴，希望很快就能出院为孩子们筹集学费。然而，他做梦也没有想到，5月12日，医生对他的胃部溃疡面进行活检化验，发现已经癌变，而且属于晚期胃癌。那一刻，丛飞绝望了："我只有36岁，要做的事情还都没有做完，我怎么能死呢？"

面对残酷的现实，丛飞于当天晚上向作者徐华留下了三方面内容的遗嘱："邢丹嫁给我，一直跟我过着十分清贫的日子，还陪着我跋山涉水去贫困山区捐资助学，她为我吃的苦头太多了。如今她怀有四个多月的身孕，以后她一个人可怎么抚养这个孩子？请大家一起做通她的工作，拿掉这个孩子，以利于她以后的生活；我奔波多年，没有给家人留下任何积蓄，很对不起父母家人。我死后，让我的父母带着睿睿回辽宁乡下，那里的生活水平低，容易过活；我资助的一百多个孩子，有很多还是小学生，如果他们不能继续读书，等待他们的将是无望的未来，你们一定要多想想办法，让他们继续读书啊……"

在众人的一片悲哀中，丛飞变得格外坚强。5月12日是护士节，见护士王爱红来给他换药，他立即面带微笑地对她说："祝你护士节快乐，也请你转达我对全体护士的问候。"听着他的问候，王爱红十分感动："在这个时候你还想着向我们祝贺护士节，真是很了不起。"

5月13日，人民医院以最快的速度组织权威专家为丛飞实施手术。然而，打开腹腔的那一刻，专家们的表情变得格外沉重："癌细胞已经广泛扩散，一切都太迟了。如果他能提早半年手术，

一切都会不同……"凝视着手术台上那张年轻的脸，在场的医护人员都眼里含泪。

半年，对于一位身患癌症的患者来说，意味着什么可想而知。然而，在这生死攸关的半年里，丛飞都忙了些什么？透过他的工作记录，记者看到了一组令人吃惊的数字：

2004年10月，丛飞参加各类文艺演出25场，到莲花北残疾人康复站义演2场，总计27场，其中只有2场是收费的商业演出，他将2万元收入全部给贫困学生交了学费；

2004年11月，丛飞持续高烧，胃部开始疼痛，但还是坚持到养老院、福利院及监狱义演了8场，到莲花北残疾人康复站义演4场；

2004年12月，丛飞开始吐血、便血，胃部剧烈疼痛，在止痛药的支撑下演出了16场，仅12月25日圣诞节当天就演出3场。这19场演出中，只有一场是有收入的商业演出，其他18场不是友情赞助就是慈善义演；

2005年1月，丛飞的病情继续恶化，全身开始剧烈疼痛，但他还是以常人难以想象的毅力参加了6场为海啸灾区的赈灾义演……

在这生死攸关的半年时间里，丛飞想着的依然是贫困生、残疾人、海啸灾区，唯独没有想到他自己。

丛飞身患癌症的消息传到湖南，有一位名叫胡诗词的残疾人坐着轮椅几经周折赶到了深圳丛飞的病榻前，进门就痛哭失声："丛飞大哥，没有你这些年的无私帮助，哪里有我的今天……"他与丛飞，萍水相逢成兄弟。那是1999年3月，丛飞去湖南汉寿县为希望工程义演，并捐出10万元设立"丛飞爱心助学基金"。就是在那一次义演中，丛飞认识了坐着轮椅赶来看他的特殊观众胡诗词。

胡诗词家境贫寒，高位截瘫，小学都没上完，却志存高远，想当作家。丛飞当即决定资助胡诗词。

"那次义演之前，丛飞的名字在我们汉寿就被广为传颂，他每年不但要资助贫困学生，还多次来湖南举办希望工程义演。

1999 年 3 月初的一天，听说丛飞又来了，我在朋友的陪同下去看他，对他表示敬意。没想到匆忙见了一面，我竟在这个世界上又多了一个兄弟。"提起与丛飞相识的往事，胡诗词心情激动。

病榻上，丛飞仍然惦念着贫困山区的那一百多个孩子，惦念着他们这学期的学费还没有交上。他把大家捐给他治病的钱留下 3 个疗程的化疗费用后，拿出 2 万元钱捎往贵州织金县贫困山区，还为孩子们邮寄 50 台电脑，在三所学校组建起了电脑室，终于帮他们圆了电脑梦。

 钢铁硬汉

★★★★★

"许多患者在得知自己患上晚期癌症来日无多的时候，几乎都是痛不欲生、悲观绝望，有的甚至不是被癌细胞夺走的生命，而是被活活吓死。可丛飞却以令人难以置信的坚强走完了他人生的最后一段旅程。他的乐观与坚强令人敬佩，更令人感动，他是一个顶天立地的男子汉。"说起病逝的丛飞，一年来一直参加丛飞治疗与护理工作的深圳人民医院肿瘤科护士长彭金莲心情难以平静。

2005 年 4 月 22 日，丛飞入住深圳市人民医院消化内科，被确诊为胃癌并术后转入肿瘤科。当时，肿瘤科的医护人员们都知道，丛飞是一个癌细胞已经在腹腔内广泛扩散的重患，大家对他的治疗都十分精心，说话也很小心，唯恐影响了他的情绪。然而，住进来几天后，大家看到丛飞像没事人一样与医护人员说笑，走东门串西门地去病房为患者们表演节目后，还不忘这样鼓励大家："只要你坚强乐观，癌细胞不但害不死你，还会被你吓跑! 你们看我，都说我是晚期了，可我就是没事，我还准备再活 50 年!"几位医护人员看他手舞足蹈的样子，个个面面相觑："从来没见过哪个晚期癌症患者这么活跃，他是不是被癌症吓得神经出了问题?"

一连许多天，医护人员几乎天天看到丛飞在接受完治疗后与人说笑，还不时演小品逗得大家哄堂大笑，都对他的神经是否正常产生了怀疑。然而，5 个化疗期下来后，大家服了: 他就是这么一个坚强乐观的人，精神上绝对没有问题!

△ 病中的丛飞坚强乐观

深圳市人民医院胃肠外科主任潘凯是丛飞的手术主刀医生。回忆起 2005 年 5 月 13 日为丛飞进行手术时的情景，他曾这样对记者说："那是一次令我们每位参加手术的医护人员都颇为难忘的手术。当时胃镜检查只在丛飞的胃部一处 0.2 厘米宽、0.3 厘米长的深度溃疡处发现了癌变，并定性为恶性程度很高的低分化腺癌。剖腹进行腹腔探查后，我们发现，恶性肿瘤已沿着丛飞的胃壁外围向胰腺、腹腔动脉、胆囊血管及淋巴等处疯狂扩散！"

肝胆外科主任余小舫等相关科室的专家火

速赶来会诊，经过各种利弊得失的分析后得出一致意见：手术不再继续，关腹缝合后只能进行保守疗法，以尽量延长丛飞的生命时限。那一刻，手术室里一片沉寂，几位医护人员均眼里含泪："一切都太晚了！"

临床经验十分丰富的潘凯说起丛飞那硬如皮革的胃体，心情难以平静："丛飞的胃溃疡已有5年多的历史，一直没有得到彻底治疗。依现在的医疗技术，胃溃疡已经是一种比较容易痊愈的常见病，完全可以避免癌变。"

然而，潘凯和他的助手们根本不会想到，就在四个月前，已经被经常发作的剧烈胃痛折磨得苦不堪言的丛飞，居然还抱病参加了为印度洋海啸灾区举办的6场赈灾义演！"作为病情如此严重的一个重病号，四个月前躺在医院的病床上都会不时喊疼，怎么可能坚持进行6场演出？他的坚强真是达到了令人难以置信的程度。"

2005年5月23日，丛飞的伤口拆线后转入肿瘤科进行化疗。对于一个晚期癌症患者，化疗所带来的痛苦令常人难以想象。化疗期间，巨大的药物刺激使丛飞昼夜无法安卧，浑身上下的每一个关节都酸痛难忍，用他自己的话说是"有成千上万只蚂蚁在伤口上爬来爬去"，真是痛不欲生。几天时间，他那一头浓密的头发全部脱光，连眉毛和胡须都脱得干干净净。最令他感到痛苦的是无法下咽食物，喝一口清水进胃，都要翻江倒海般地吐上十几分钟。

看到他被化疗折腾得如此痛苦，家人一度想进行两个疗程的化疗后就让他休整一段时间。然而，丛飞却向医生们这样表态：

"你们就按计划进行吧，只要对控制癌细胞有利，我能挺住。"于是，医生们按计划在一个月的时间里顺利为丛飞进行完了4个疗程的化疗。

丛飞顽强的意志力使癌细胞也望而却步：4个疗程结束时，医生们对丛飞进行了一次化疗前后的对比检查，发现癌细胞发展明显放慢速度，受到了化疗药物的有效遏制。这一结果对医生们是个鼓励，对病中的丛飞也是个鼓励，他一次又一次地对医护人员和家人说："只要我自己精神不倒，癌细胞打不倒我！我不相信我只能活三四个月，我一定要打破这个生命时限！"

面对如此坚强乐观的丛飞，医生们也对他的治疗有了信心，把原定6次左右的化疗增加到了10次。回忆起接受那10次化疗的痛苦日子，丛飞的妻子邢丹禁不住泪水涟涟："那些日子里，他周身每一个关节都疼痛不止，而且还昼夜不停地呕吐，根本吃不下饭。看到他掉的头发、胡须和眼睫毛，我有几次都动摇了，真想停止这种痛苦的折磨。但丛飞却令人难以想象地坚持了下来。"

低分化腺癌是恶性肿瘤中恶性程度最高的一种，许多患上这种癌的患者，从发现到死亡大多只有三四个月的时日。丛飞在积极乐观地配合医生治疗的同时，也为自己做好了两手准备："如果命运再给我三五年的时光，我会继续为那一百多个孩子、为我的父母家人做一些一直想做而没来得及做的事情。如果我真的没多少日子了，我则应更加珍惜这有限的时间，尽可能地多做一些有意义的事情。"他多么希望命运再给他三五年的时间去实现心中的种种梦想。然而，透过父母和家人每天哭得红肿的眼睛，他知道，一切都已经难以改变。

　　"既然来日无多，与其在病床上虚度时光还不如利用这宝贵的时间干些有意义的事情。"2005年7月6日，第四个化疗期刚刚结束，丛飞要去他担任德育校长的深圳展华实验学校看望学生。医生们不同意他化疗后马上外出，因为他的身体免疫力极差，很容易染上各类病毒。可丛飞说什么也不肯："我答应要去学校看望孩子们，如果现在不去，过两天他们就要放暑假了，再看他们不容易了。"在他的执意坚持下，医生们要求他必须戴上口罩，并且尽量缩短在学校的停留时间。

　　那一天，丛飞的心情格外兴奋，他给孩子们带去了3万元的助学基金，还应师生之邀给学生们上了一堂生动的德育课。临离开前，他又即兴给师生们表演了一段小品，扮演一位东北老太婆。看着他弯腰弓背模仿老太婆惟妙惟肖的精彩表演，许多人流下了动情的泪水："直到这个时候，他还在为别人带来欢乐，他真是太坚强太了不起了！"

此后，丛飞一边在医院接受化疗，一边出席多场慈善活动，并带头为广东水灾捐款。每次参加活动，丛飞都像健康人一样，带着一脸微笑，大踏步地走到大家中间，不知情的人难以想象他这个已经病入膏肓的人是以怎样的毅力坚持着，还天真地以为他的病情已经好转，甚至有人怀疑医院的诊断是否出现了"误诊"。

2006 年 1 月，丛飞高票当选为 2005 年度感动中国人物。评委会希望他能到北京参加颁奖典礼。当时，丛飞经过 10 个疗程的化疗后身体已经弱不禁风，病情仍在继续恶化，经常发生的剧烈疼痛折磨得他夜不能寐。医生认为他那已经被癌细胞侵蚀的胃部随时都有大出血而危及生命的危险，不同意他冒险进行长途旅行。然而，丛飞依然要去："我知道自己已经来日无多，就算整天躺在医院也不会有康复的可能，不如趁现在还能走动，多做一些有意义的事情，就算死在途中，人们也可以从我对生死的态度上得到启示。"见众人还是不肯点头，丛飞恳求妻子和父母："也许是最后一次能走那么远的路了，让我去吧。"

2006 年 1 月 15 日，丛飞在家人的陪送下，带着两大包药物登上了北去的列车。由于服用了超正常剂量两倍的止痛药，丛飞在旅途中还算顺利，可到了参加颁奖典礼的那天，再服用超过一倍剂量的止痛药竟无法止住弥漫在腹腔及胃部的大面积剧痛。妻子邢丹看到丛飞用枕头顶住胃部的痛苦表情，一时急得不知所措。还有一个多小时就要开始颁奖了，再疼下去可怎么得了？！丛飞冷静地对邢丹说："不要慌，把止痛药再增加两倍，我一定要用笑脸面对大家！"

一个小时后，在化妆师的精心装扮下，丛飞"面色红润"、精神焕发地身穿他最喜欢的那套白色演出服，满脸笑容地走上了颁奖台。谁也不会把这样阳光的一张笑脸与一个生命危在旦夕的晚期癌症患者联系在一起。那一刻，全场掌声雷动，为丛飞撼人心魄的激情话语，更为他坚强不屈的生命意志力。

美丽妻子邢丹

→ 艰难时刻，邢丹走进他的生活

★★★★★

　　丛飞在这条布满荆棘的奉献路上之所以能执著地走到生命的最后一段旅程，离不开一位了不起的女性——美丽漂亮的空姐邢丹。

　　1981 年出生的邢丹，有着与她的年龄不相符的稳重与成熟。她美丽得令人惊叹的外表与那颗善良慈爱的心，形成了一个完美的内在美与外在美的统一。走近邢丹的人常会发出这样的感叹："这个女孩真像一个天使，太美丽、太可爱了！"

　　2005 年 4 月 12 日，当我在深圳特区报大厦 35 层办公室第一次见到赶来接受我采访的邢丹时，我禁不住这样问起她："你这么年轻漂亮，为什么要嫁给比你大了 12 岁又离过婚、带着一个孩子的丛飞呢？"听了我坦率的问话，邢丹眨了眨她那双漂亮迷人的丹凤眼，笑了："爱情有时是不能用因为所以来说清楚的。"

回忆起与丛飞相识相爱的往事，她的脸上洋溢着幸福的笑意："他英俊潇洒，多才多艺，只要他一登台，全场观众就完全被他吸引。而在生活中，他又是那样一个平易近人、爱心似火的大好人，我从心里喜欢他。"

2003 年，22 岁的漂亮女孩邢丹大学毕业后来到深圳，并以优越的条件被深圳航空公司录用，成为一名令人羡慕的空姐。当时，丛飞经常应邀来深圳航空公司参加各种慰问演出，他的艺术才华和朴实无华的言谈给邢丹留下了深刻的印象。随着接触的增多，邢丹知道丛飞资助着贵州、湖南、云南及山东等地的 100 多名贫困学生读书，自己和家人一直住在一房一厅的狭小房子里，生活十分俭朴，还欠下了十几万元的外债，妻子为此与他离了婚，将年仅 2 岁的女儿睿睿留给了他。

"这样一个有爱心、甘于奉献的好人，应该得到爱！"每到休息的日子，邢丹便主动上门，帮助丛飞料理家务、照顾孩子。在丛飞外出演出时，她干脆将丛飞的女儿睿睿带在自己的身边。共同的理想与追求，使两颗年轻的心越走越近。那年年底，他们走到了一起。

然而，对于邢丹的父母来说，美丽的独生女儿要嫁给负担如此之重的丛飞，说什么也不能接受。邢丹的母亲为此这样对丛飞说："你比她大了 12 岁，离婚后带着一个孩子不算，还要供 100 多名贫困学生读书，自己过着那样清苦的生活，拿什么给我女儿幸福？"

邢丹父母的话令丛飞陷入沉思："是啊，面对美丽善良的邢丹，我这个一身债务一肩负担的穷小子，拿什么给她幸福？"丛飞思考了几天后，痛苦地做出抉择：与邢丹分手。可邢丹得知后，拉着丛飞的手哭了："你虽然不能给我富足的生活，可你高尚有爱心，你把那么多素不相识的孩子看成了自己的孩子，我敬佩你、爱戴你，与你吃糠咽菜也心甘情愿！"

顶着来自家庭方面的巨大压力，邢丹搬进了丛飞那个简陋狭小的家。由于丛飞一年四季都要四处奔波演出，而邢丹每次出航班也要一走就是几天，年幼的睿睿无人照料。于是，邢丹主动放弃了收入稳定的空姐工作，回家当起了家庭主妇，全心全意地照顾睿睿和丛飞。

"当我辞职的时候，深航的那些小姐妹们都以为我嫁了丛飞这个有些名气的歌手后不需要自己赚钱了，过上好日子了。可她们中很多人不知道，丛飞挣来的钱大部分都给那100多个贫困孩子交了学费，用于家庭生活的钱很少，有时甚至连交银行每月2000多元的购房按揭贷款都不够，急得丛飞的爸爸整天提心吊胆地担心银行前来收房。"面对一心为帮助别人而自己省吃俭用的丈夫，邢丹给予了极大的理解，不时拿出自己的一些积蓄为他交按揭贷款，因为她知道，丈夫是个特别重承诺的人，既然已经答应供那100多个孩子读书，就算吃再大的苦，他也不会半途而废。

一起走在奉献路上

★★★★★

作为深圳义工联艺术团团长，丛飞每个月都要拿出大量的时间参加各类慈善义演，经常要去劳教所、福利院、残疾人服务站等进行义演，然后再抓紧时间参加各类商业演出，以挣取那100多个孩子的学费，工作上的辛苦程度可想而知。为了让丛飞在演出间隙能按时吃上饭喝上水，邢丹经常带着睿睿随丛飞跑场。

"每年冬天，丛飞都特别繁忙，因为这个季节是演出旺季，又是山区孩子们很快就要交新学期学费的时候，丛飞几乎每天都在拼命赶场演出。"邢丹说起丛飞的辛苦，眼泪止不住流。

由于过度劳累再加上经常不能按时吃饭，丛飞患上了严重的胃溃疡，时而有血便，可他既舍不得时间又舍不得钱去治病，继续像健康人一样忙碌奔波，以至于最后导致了癌变。

2004年夏天，丛飞第6次去贵州黔南贫困山区给孩子们送学费和衣物，希望邢丹与他一同前往。邢丹想了想，同意了。因为她想知道丈夫如此痴迷的地方到底是个什么样子。从小在富裕家庭长大的邢丹做梦也没有想到，这次贵州之行会是那样艰苦。由于丛飞所资助的绝大多数孩子的家都住在不通公路的大山深处，他们从县城下车后要再走五六个小时的山路，有时甚至要在悬崖峭壁间爬行。从来没吃过这种辛苦的邢丹吃不消了，两只脚磨出了一片又一片的血泡，连脚指甲都变成了紫黑色。

然而，当他们翻山越岭走进孩子们所在的村庄时，一切劳苦与疲惫都烟消云散了：孩子们得知丛飞来了，顶着炎炎烈日站了两个多小时。看到恩人的那一刻，孩子们兴奋极了，一边喊着"爸爸"，一边投入丛飞的怀抱。许多孩子一边拥抱着丛飞，一边向他倾诉："爸爸，听说你要来，我们一家人几天都睡不好觉，日日夜夜都在盼着你呢！"

当丛飞将身边的邢丹介绍给孩子们时，许多孩子高兴地向她喊"妈妈"。第一次听到比自己小十来岁的孩子称自己为妈妈，邢丹很难为情，不敢应声。看到孩子们破旧的衣服和瘦弱的身体，邢丹心里十分酸楚，尤其是到朱园和晏语轻轻等几十名贫困孩子的家里家访时，邢丹再也忍不住内心的悲伤，几次忍不住伏在丛飞的肩上哭了。那是一些怎样的家啊：一家几口人只有一个被子，孩子大人一年四季吃不上一顿肉，就连土豆和玉米之类也舍不得顿顿吃，要不时掺上一些玉米秆之类的东西。许多孩子身上的衣服已经缝补得看不清原来的模样……

丛飞将带来的几万元学费都送给孩子们后，又强忍胃痛在当地举办几场助学义演，所募集到的钱全部捐给了当地的希望工程。临行前，他与邢丹将身上所有的钱都掏出来捐给了孩子们，又向同行的人借了几千元钱当即捐出。当他们踏上返回深圳的路时，才发现除了身上穿的，他们已一无所有了。"多亏我们来时买好了往返机票，不然连回家的路费都拿不出来了！"回忆起离开贵州时的情景，邢丹的心情难以平静。

　　"可以说，去贵州之前我支持丛飞捐资助学是因为我爱他，他坚持的事情我不忍心反对。可贵州之行后，我的思想发生了很大的变化，真正理解了丛飞多年来做这些事情的远大意义，不仅更加支持他理解他了，还主动为他分担一些事

▽ 丛飞到所资助的孩子家慰问

情。"邢丹说起那次贵州之行,心情难以平静。

贵州之行使邢丹彻底理解了丛飞的爱心事业,也给她带来了长时间的伤痛:她左脚的大拇指甲一连几个月出脓冒血久治不愈,每天只能穿一双宽大的拖鞋勉强走路。至2006年,她的脚趾开始溃烂,一连几天高烧不退。医生只好进行手术,摘除了她的左脚指甲及腐烂的周围组织,这才使困扰了她一年之久的痛苦彻底消除了。

 ## 执意生下他们爱情的结晶

★★★★★

2005年5月,丛飞被确诊身患晚期胃癌时,邢丹正怀有四个月的身孕。医生说,依丛飞的病情,他只能存活三至四个月的时间,不可能见到他们的孩子出世了。看着腹部高高隆起的妻子,丛飞流泪了。那天晚上,他拉着妻子的手,动情地对她说:"你跟我在一起生活这两年,没有买过一件像样的好衣服，没有吃过几顿好饭菜，却将自己仅有的 3 万元积蓄给我为失学儿童交了学费，还跟着我去贵州山区捐资助学。我现在得了癌症，活不了几天了，你将腹中的胎儿打掉，我不忍心看着你独自一人担起养育孩子的重任。按我的话去做，明天就去医院做手术拿掉孩子吧！"

邢丹听完丈夫的这番话，哭着说："就算再苦再难，我也要将这个孩子生下来，他是我们爱情的结晶啊！"任凭丛飞怎样乞求，邢丹态度坚决，一定要为丛飞生下这个孩子。丛飞见无论如何都说服不了邢丹，情急之下竟然跪在了妻子面前乞求她改变主意："你只有 24 岁，人生的路才刚刚开始，刚结婚一年我就抛下了你，怎么忍心再用一个孩子来拖累你今后的生活？求你答应我，趁现在胎儿还小，去医院拿掉吧！"

邢丹听罢，泪流满面地跪下说："我也求求你，同意让我生下我们的孩子吧！再苦再难，我一定会将我们的孩子抚养成人。就算你离开了我，他也不会成为我的累赘，因为他是你的骨肉，就算你让他来替你陪伴我吧！"那一刻，丛飞抱住妻子号啕大哭。

"那时，我唯一的想法就是希望丛飞能再活 6 个月，能亲眼看到我们的孩子出生。"为了这个理想，邢丹每天 24 小时守在人民医院肿瘤科的病房，精心照料丛飞。她克服孕期的强烈反应，每天为丛飞擦身喂饭，洗脸洗脚，还要故作轻松地给他讲一些有趣的话题。看到妻子为自己付出的一切，丛飞十分感动："你放心，我无论如何要坚持到我们的孩子出世。只要我的生命存在一天，我就会勇敢地与癌症抗争一天，我要把癌症吓跑而不能被它吓死！"

丛飞良好的精神状态为医生们的治疗创造了有利的条件。在随后进行的化疗期里，丛飞的病情渐渐稳定下来，癌细胞的扩散速度明显放缓。他以顽强的生命意志力冲破了4个月的生命禁区。那天晚上，丛飞拉着妻子的手，动情地说："我顺利闯过了4个月的生命禁区，已经知足了。如果命运真的厚待我，就再给我长一点儿的时间，让我能看到我们的孩子出生，最好能亲耳听到他喊我一声爸爸，然后再将那些还没来得及做完的事情做完！"

看着丛飞眼里闪烁着的那股对生命、对未来的强烈渴望，邢丹鼓励他道："你是那么的坚强勇敢，你一定会创造出一个令医生们都不敢想象

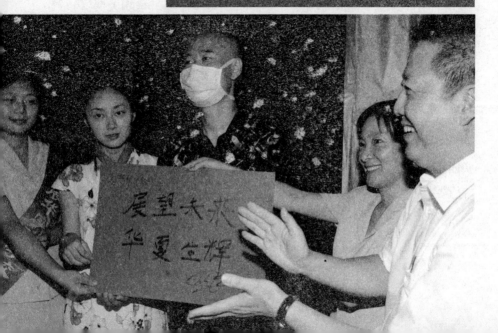

▽ 丛飞病中与邢丹一起到深圳展华实验学校设立"丛飞助学金"

的奇迹!我们一起努力,永远不言放弃!"两双手紧紧地握在了一起,充满了力量,也充满了希望。

丛飞以常人难以想象的毅力配合医生的治疗。一般的癌症患者接受完 2 个疗程的化疗就已经痛苦得寻死觅活了,而丛飞却坚持了 10 个疗程的化疗。每次化疗期间,他痛苦得昼夜难安,周身的酸痛折磨着他,剧烈的呕吐感使得他一次又一次地将吃进腹中的食物呕吐出来。然而,为了心中的那个信念,他以顽强的毅力苦苦坚持着。

丛飞与病魔抗争的顽强毅力再次为他赢得了最佳的疗效。6 个疗程结束时,丛飞的病情得到了有效的控制,体力也得到了一些恢复。于是,他不时可以参加一些社会公益活动了,参加广东水灾地区的大型赈灾捐款晚会、去展华实验学校为学生们讲德育课。由于化疗期的丛飞身体极其虚弱,抵抗力大幅下降,如果染上感冒之类的病毒,后果不堪设想。因此,医生和邢丹都反对他外出参加那些社会公益活动。然而,丛飞却坚持要这样做:"我知道自己已来日无多,与其躺在病床上等死,不如趁现在还能走动多做一些有意义的事情,也算少留些遗憾。"

坚强的邢丹一边在医院的病房里照顾着丛飞,一边孕育着他们爱情的结晶。由于昼夜 24 小时一直守在丈夫的身边,邢丹吃不好睡不足,身体十分瘦弱，一度严重贫血。每到月底去妇产科进行胎检，她站在那些红光满面、白白胖胖的孕妇中间时，显得是那样的弱不禁风，那样的憔悴不堪，让人看了特别心酸。然而，为了丛飞，邢丹无怨无悔，直到生产的头一天依然守在丈夫的病房里。病友们见邢丹如此忘我地照顾丛飞，都对她充满了敬意："丛飞能娶到这样好的妻子，真是好人有好报！"

2005年10月16日，邢丹在深圳人民医院妇产科顺利产下了他们朝夕梦想的孩子——一个健康漂亮的女婴！听到这个幼小生命哇哇啼哭的那一刻，丛飞和邢丹同时泪流满面。

感动中国

⊙→ 抱病去京

★★★★★

　　然而，无论丛飞多么不想把自己当成一个晚期癌症患者，多么想还像以前那样为社会为他人尽一份爱心，但病情还是在无情地恶化着。到 2006 年 1 月，丛飞的胃癌已经发展到相当严重的程度，每天只能喝一点儿稀粥，时常发作的疼痛折磨得他夜不能眠。这时，2005 年感动中国评委会给他打来电话，通知他以高票当选 2005 年感动中国人物，希望他能到中央电视台参加颁奖典礼。邢丹不同意他在这种身体状态下远行，医生们也认为此行有些冒险，多次这样劝阻他说："由于癌细胞的侵蚀，你的胃已经完全僵硬化，随时会因大出血而危及生命。"丛飞听罢，这样对医生说："我要把微笑留给所有关爱着我的人们，也使他们从我面对癌症的态度上获得战胜困难的勇气和力量。"他求医生给他带了

△ 病中丛飞参加2005年度感动中国人物颁奖典礼

超出正常量几倍的止痛药，准备赴京。

临行前的那天晚上，邢丹将孩子哄睡后为丛飞收拾去京的衣物。丛飞注视着妻子瘦弱的背影，不知不觉流下了两行热泪："邢丹，你带着孩子陪我一起去北京吧，如果我真的倒在了那里，有你陪在身边，我死也就可以闭上眼睛了。"

1月的北京寒气逼人，邢丹多么担心不满百天的婴儿经受不住那严寒的天气。然而，为了满足丈夫的心愿，她决定抱着婴儿陪丈夫一同赴京：

"只要你高兴，就算上刀山下火海，我也会紧紧跟随你!"

旅途疲劳再加上北京寒冷的天气，丛飞到京后的身体越发不好，疼痛在快速加重，由原来的胃部蔓延到腹部、腰部及胸部，而且胃口越来越差，连稀饭也吃不下了。看到丈夫不吃不喝，邢丹急得不知所措。

怎样才能给丈夫增加些营养呢? 邢丹思来想去，决定每天挤出自己的一些乳汁给丈夫喝。由于产后过度辛劳，邢丹的身体已经十分虚弱，乳汁并不多，每天在喂饱婴儿后再挤出一两杯乳汁可不容易。为此，邢丹拼命地多吃多喝，她多么希望多挤出一些乳汁来为丈夫增加营养。

在邢丹的精心照料下，丛飞的身体状况暂时稳定下来。到京后的第二天，他在服用超过正常剂量 3 倍的止痛药后，登上了 2005 年感动中国人物颁奖礼的领奖台。当人们看到丛飞满脸笑容、精神焕发地出现在大家面前时，全场掌声雷动。那一刻，谁能相信这是一个已经来日无多的晚期癌症患者?

2006 年 2 月 9 日晚 8 点钟，当全国上亿观众在中央电视台感动中国年度人物颁奖典礼上看到丛飞满脸笑容、精神焕发地出现在颁奖现场时，许多人都高兴地奔走相告 :"丛飞的病情好转了，他又可以重返舞台了!"

听着善良人们的善良期望，看着电视屏幕上丛飞真诚的笑脸，泪水再一次挡住了我的视线。二十天前陪丛飞去北京参加"感动中国"颁奖典礼录像时，丛飞那被剧烈的疼痛折磨得痛苦不堪的表情与电视屏幕上精神抖擞的形象，反差是那样的强烈。一个月前，当中央电视台有关方面负责人通知丛飞以较高的票数当选 2005 年年度感动中国人物时，他们的心情十分复杂。他们既希望他能来北京参加这次盛大的颁奖典礼，又担心他的健康状况不允许。丛飞听罢，当即爽快地表态："我一定会满足你们的期望。"

临行的前一天，丛飞让医生给他带上了大剂量的止痛药。他安慰妻子邢丹说："只要有这些止痛药支撑，完成节目的录制没有问题。"然而，

△ 病中丛飞参加2005年度感动中国人物颁奖典礼

邢丹却不忍心让他经历旅途的颠簸，希望他留在家里安心养病。他这样对她说："我知道自己的病情，在医院里躺着和出去做一些有意义的事情，在病情上不会有本质的改变，但却可以让更多的人从我的身上获得战胜疾病和死亡的勇气和力量。这岂不是比躺在病床上更有意义？"邢丹被他说动了。

由于在登机前就服用了止痛药，丛飞的旅途还算顺利。可是就在节目将要录制的前几个小时，丛飞的胃部开始剧烈地疼痛，随后腰部、腹部也疼得无法忍受。为了不让大家担心，他坐在那里一声不响，任凭汗珠顺着脸颊缓缓流下。在走上颁奖台的前两个小时，他悄悄服下了超过正常剂量 2 倍的强力止痛药。

节目录制开始后，他一身白色西装，面带微笑走上了颁奖台。那一刻，没有人会相信，这是一个正被晚期癌症病痛折磨得苦不堪言的重病患者。在录制现场，人们看到丛飞精神焕发地走上领奖台时，全场掌声雷动，许多人眼含热泪，为他高尚的人格，更为他坚强的意志。

八方爱心温暖丛飞

★★★★★

丛飞身患重病的消息传出后，各级领导和各界群众对丛飞深切牵挂。大家纷纷看望他慰问他，深圳市委市政府切实为他解决困难。爱心城市的殷殷关爱，一直温暖鼓舞着丛飞，感动了这个给人巨大感动的爱心人物。每当说起丛飞患病期间所感受到的关爱，丛飞的妻子邢丹心情总是难以平静："深圳是一座到处充满爱的城市，它让我们一家感到特别温暖。丛飞去世的前几天还说，如果有来生，他还要做一名深圳人；如果死了，也要将骨灰留在深圳。"

自 1994 年 10 月踏上深圳这片沃土后，丛飞就开始了他长达十年的爱心之旅，将自己 300 多万元的演出收入都无私捐助给了贫困学生和残疾人。为了帮助 100 多名贫困学生完成学业，丛飞省吃俭用，拼命工作，不仅为此欠下了17万元的外债，在身患严重胃病的情况下依然舍不得时间和财力治病，最后使普通的胃溃疡转化成了胃癌。

丛飞为社会无私奉献而身患重病无钱医治的消息经《深圳特区报》报道后，引起时任深圳市委书记李鸿忠的高度重视。2005年5月13日，即丛飞被诊断出胃癌并进行手术的当天上午，李鸿忠亲笔给丛飞写了一封热情洋溢的信，鼓励丛飞勇敢地面对病魔。他在信中写道："我同很多市民一样，对你的为人与行事颇为赞赏，很钦佩。目前，你染病治疗，犹如骏马暂卧草原，犹如雄鹰暂栖枝头，也算是人生的一个小插曲吧。这个时期，保持乐观，笑傲人生，稳定神情，心稳、气静、神定是第一要务。由此，必会有利于你的康复，必会使你很快'重飞'。"

2005年6月21日，李鸿忠又与李意珍、戴北方、王京生等领导带着慰问金和鲜花、果篮到医院看望慰问丛飞。李鸿忠拉着丛飞的手，深情地对他说："你是深圳人的骄傲，我们每个人都希望你好起来。全社会都要感谢和尊重你这样默默为社会无私奉献的好人。"

丛飞身患重病的消息也牵动着中共中央政治局委员、中共广东省委书记张德江的心。就在李鸿忠来医院看望丛飞的第三天，张德江委托李鸿忠再次赶往深圳市人民医院，向丛飞转达他的问候与祝福。

随后，深圳市长许宗衡与副市长梁道行等领导也专程赶到医院慰问丛飞，也向丛飞送上了慰问金。他对丛飞说："你的感人事迹，体现了深圳这座爱心城市的精神风貌。你的高尚行为，让每一位深圳市民都深感自豪。你是全市人民学习的榜样！"

与此同时，中央有关部门的领导也对丛飞事迹给予高度评价，并对丛飞及其家人进行援助。民政部部长李学举在丛飞事迹的材料上批示道："我被深圳歌手丛飞同志的慈心善举深深感动，也为个别受助人的冷漠无情而痛心。中国慈善事业的发展，需要有更多像丛飞同志这样的人。"李学举对丛飞的病情十分关心，专门委派有关方面负责人赶往深圳市人民医院看望慰问丛飞，表示要对他在治疗过程中遇到的困难给予帮助。

团中央书记处书记尔肯江·吐拉洪前后两次专程赶往深圳市人民医院看望慰问丛飞，他代表团中央向丛飞表示亲切的慰问，也给他送去了慰问金，并在丛飞的病榻前为他颁发了"中国青年志愿服务金奖"。

当年2月11日，中国作家协会党组书记金炳华、中国作家协会副主席陈建功等也赶来深圳，在经济上为丛飞提供帮助的同时，热情鼓励他坚强勇敢地与病魔抗争，争取早日重返舞台。

来自各方领导的诸多关爱，时时温暖着病中的丛飞。他将这些珍贵的爱化作一股动力，更加乐观勇敢地面对疾病，并抱病多次参加多种社会公益活动，尽自己所能继续服务社会关爱他人。

为了给丛飞及家人解决实际困难，深圳市委市政府的领导做了许多具体的工作，就他的医疗费及住房等问题做出周到安排。早在 2005 年 5 月丛飞患病之初，副市长梁道行就要求卫生部门全力救治丛飞，市劳动和社会保障局为丛飞补办了医疗保险和养老保险，市卫生局、市人民医院成立"丛飞特别医疗小组"，使丛飞的治疗一路绿灯，特事特办。2005 年 5 月 14 日，深圳市劳动和社会保障局与团市委共同努力，仅用 3 天的时间，就为丛飞办好调入深圳的调令及落户深圳的审批手续。

正是来自各方的赤诚之爱，温暖着丛飞，也鼓舞着丛飞，使他和家人度过了许多痛苦而难忘的时刻。正如丛飞在遗嘱中所言："没有这些爱心的支撑，我这个去年 5 月份就被医生宣布只有三个月左右生存时限的晚期低分化腺癌患者，绝对活不到今天。我感谢众多为我付出无限关爱的深圳人！如果有来生，我还会走这样一条人生之路；如果有来生，我还要做深圳市民！"

最后时光

→ 与爱妻诀别

★★★★★

从北京返回深圳后，丛飞的病情进一步恶化，到春节前已经吃不进去东西了，连走路都显得有些脚步发飘了。进入2月，丛飞的身体已经无法再接受新一疗程的化疗，只能靠一些止痛药和营养液等常规药物来维持生命。然而，坚强的丛飞依然对前来看望他的领导和朋友们微笑着说："生老病死是自然法则，我不会惧怕。只要我还活在这个世界一天，我就要微笑面对一天，因为我爱这个世界。"只是，每当他抱起刚刚四个多月的女儿邢小丛飞时，他的眼睛总是禁不住有些湿润："我的孩子，你还这样小，妈妈要付出怎样的心血才能独自将你养大成人？当你长大的时候，你还会记得你的爸爸吗？"

春节过后，丛飞的病情开始急剧恶化，癌细胞在腹腔内广泛转移。到了3月中旬，他已经无法进食甚至无法喝水，每天只能靠输液来维持生命。眼看着丈夫从一个原本90多公斤重的壮汉变成骨瘦如柴的样子，邢丹痛苦不堪，整日以泪洗面，奶水也越来越少，孩子经常饿得哇哇大哭。此时的丛飞清楚地知道自己已经来日无多，但他还是强撑着露出笑脸安慰妻子："别把问题想得那么糟，只要我们坚强起来，奇迹也可能出现的！为了我，也为了我们的孩子能吃饱肚子，你一定要坚强起来！"他一边用手紧紧地捂住腹部，一边向邢丹笑着。

"我知道，他是忍着怎样的痛苦来向我强

▽ 丛飞病逝前两个月，长篇报告文学《丛飞震撼》出版，中国作协书记处副书记金炳华向丛飞赠书

装笑脸。我读得懂他的笑，所以心里更觉得痛。"想起丈夫的笑脸，邢丹再一次泪流满面。就在丛飞病危之前，只要看到邢丹抱着孩子坐在他的床边发呆，他就会立即向妻子露出笑脸。他想用这种笑安慰一下愁苦的妻子，也想用这种笑给妻子一种希望。

周身剧烈的疼痛令丛飞昼夜难安，然而，他一声不吭，咬紧牙关挺着。他不想让亲人和朋友们一起来承受这份痛苦。

由于胃部及胆囊已长满肿瘤，呕吐频繁发作，吐出的胃液均是发黄的胆汁。此时，那个在舞台上英俊潇洒的丛飞不见了，那个两年前体重90公斤、身高1.80米的东北壮汉不见了，他的体重锐减到了不足45公斤，瘦弱得连下地的力气都没有了。

躺在病榻上，这个钢铁硬汉无奈地望着窗外叹息："还有那么多事情没能做完，难道就真的要这样离去？"

迷迷糊糊中，他拉住妻子的手叮嘱道："如果我走了，你一定要挺住，要坚强，要把我们的孩子抚养成人啊……"

邢丹紧紧地抱住丛飞的头，泪流满面："两年前，你还对我说，你要陪我一起变老。你说你最羡慕那些七八十岁了还互相搀扶着散步的夫妻。可你刚三十多岁，你至少还应该再活三十年啊，怎么能扔下我和孩子不管呢？你不是个最重承诺的人吗？怎么能对我说话不算数呢？！"

"你是一个那么好的妻子，我做梦都想陪你到老，可是，我们要相信科学，要冷静地面对现实。你一定要坚强啊，为了我，为了我们孩子……"

那一夜，夫妻两人抱头哭了一宿。然而，第二天，当前来看望丛飞的亲友们上门拜年时，丛飞又换上了一副笑脸，还不时幽默地安慰大家说："不要为我伤心，我一个男子汉大丈夫，怎么可能说倒就倒下呢？"

从2006年4月16日开始，丛飞进入昏迷状态，邢丹再也看不到他痛苦而又顽强的笑脸了。她一次又一次伏在他的耳边，轻声告诉他："你不是说要陪我到老吗？你还记得吗？求求你一定要记住你的话呀！"

然而，昏迷中的丛飞再也听不清妻子的话了，他的神智已经飞到了另一个世界……

2006年4月20日20时40分，丛飞的心脏停止了跳动，永远地闭上了眼睛。消息传出，深圳哭声一片，深圳市人民医院肿瘤科住院处的大门被闻讯赶来的市民挤得水泄不通，国内各大网站也迅速开始网上追悼。深圳新闻网、深圳之窗、深圳热线、新华网、人民网、网易网、新浪网等纪念丛飞的帖子铺天盖地，人们通过各种形式悼念丛飞。

"虽然我与丛飞在一起的时间并不算长，但在他身上我学到了很多东西，他是一个顶天立地的男子汉，我爱他，敬慕他，愿意为他付出一切。只是，我做梦也没有想到我们的爱情和婚姻会如此短暂，这是我今生今世最感痛苦的一件事。

但是，无论今后的路有多么艰难，嫁给他，我都无怨无悔。"一种特别的坚强与刚毅写在邢丹那张虽显憔悴但依然美丽动人的脸上，使人肃然起敬。

"我十分清楚他已经不可挽回地走了，再也回不来了，可在我的眼里，在我的生活里，他却一刻也不曾离去。他仿佛依然躺在病床上冲我和孩子微笑。真的无法接受这样残酷的现实……"说起逝去的丈夫，邢丹泪流满面，悲情难耐，泪珠不时滚落在怀里只有几个月大的婴儿那张稚嫩的小脸上。孩子本能地躲闪着妈妈的眼泪，一边瞪大眼睛吃惊地注视着妈妈，一边用小手擦拭着已经滴落在脸上的泪珠。

"我可怜的孩子啊，你还不到半岁，就成了一个没有爸爸的孩子了。你能记住爸爸长得是什么模样? 长大后还会记得你的爸爸吗?"邢丹对着襁褓中的婴儿越说越悲，忍不住失声痛哭。

顷刻之间，一对曾经生死相依的知心爱人就这样阴阳分离。从此，25 岁的邢丹将带着年幼的孩子独自面对生活的种种境遇。看着独生女儿过早憔悴的面容，妈妈心疼地责怪邢丹不该当初不顾父母的反对执意嫁给丛飞。邢丹这样告诉母亲:"在我心中，丛飞是个顶天立地的男子汉，嫁给他，我无怨无悔!"

捐献眼角膜救助六人

★★★★★

　　丛飞病逝后，邢丹流泪告诉笔者："丛飞在呼吸停止后，眼睛一直睁着不肯闭上，我用手一次一次地帮他闭合，但始终无效。我知道他一定是还有心愿未了才死不瞑目。依他半个月前与眼科专家姚晓明的约定，他闭上眼睛后就要捐献角膜。令我和家人感到欣慰的是，当丛飞的两片角膜被姚晓明顺利取出并完成捐献程序后，丛飞那双一直睁着的眼睛终于安然闭上了。"

　　这是爱心歌手丛飞 37 年人生的最后一次奉献，也是最彻底的一次奉献。

　　2005 年 5 月下旬的一天，丛飞得知自己所患的癌症不仅是恶性程度最高的低分化腺癌，而且扩散到了其他脏器，生命已经来日无多。经过几天痛苦的思索，他向一直守在身边的妻子邢丹说："我如果死了，希望将我身体的有用器官全部捐献给有需要的患者。"当时正怀有4个月身孕的邢丹听了丛飞的这番话，顿时泣不成声："我不许你说这样的话！你说要陪我白头到老，可我们的孩子还没有出生，你怎么能说这些呢？无论如何，你一定要挺过这一关，我不能没有你，我们的孩子更不能没有爸爸呀！"

看着妻子悲恸欲绝的样子，丛飞不忍心再说这个话题了。2006年元旦过后，丛飞的病情进一步恶化，周身的疼痛折磨得他时常夜不能眠。他知道，生命已经来日无多，必须将身后的事情有个安排了。有一天，他这样对邢丹和前来看望他的两位朋友说："我一直有个心愿，就是死后想将有用的器官捐献给有需要的病人，也算是我对社会所做的最后一次奉献。"大家听罢，个个眼里含泪。停了一会儿，丛飞向大家袒露心迹："人死不能复生，有用的器官烧掉也可惜了，捐献出来造福他人才是最好的选择。可我知道，要实现这样一个愿望也不是一件容易的事情。只要我坚持，我相信邢丹会支持我，可要想让我母亲能同意这件事，挺难。"

随后的一段时间，丛飞经常向别人询问这样一个问题：晚期癌症患者的哪些器官可以捐献出来挽救他人？一位医生朋友这样对他说："由于癌细胞的广泛转移，晚期癌症患者用来捐献移植的器官少之又少，可能只有眼角膜可用。"丛飞听罢，显得有些失望："那我就只能捐献眼角膜了。"

看到丛飞的病情一天天在恶化，原来180多斤重的壮汉变得骨瘦如柴，邢丹心如刀绞。面对丛飞不时流露出来的身后捐献眼角膜的愿望，邢丹理解地向丛飞点头："老公，只要你认定要做的事，我就是心里再痛，也会坚决支持你！"那一刻，丛飞高兴地拉着妻子的手亲了又亲："在这个世界上，最能读懂我的人就是你。"

为了让父母也能支持他的这个心愿，丛飞一次又一次地做父母的工作："人死不能复生，有用的眼角膜烂掉太可惜了，对于那些还在黑暗中摸索的盲人来说是个大损失，而对于死去的人来说也没什么意义，何乐而不为呢？"父亲张万军见儿子主意已定，含泪点头："既然你心意已决，我这当父亲的就依你的心愿吧。"

儿是娘的心头肉。母亲李彩凤对于儿子的捐献想法不能接受，她情绪激动地哭诉起来："从小家里穷，你跟我们没过上几天好日子。长大当歌星了，有能力挣钱过好日子了，你又资助了170多个孩子，左手挣回的钱，右手又捐出去了，自己舍不得吃舍不得穿，生病都舍不得钱去医院治。如今病成这样，还要捐献眼角膜，死后连个完整的尸体都没留下，你让我这当娘的怎么能接受呢？"

进入2006年3月，丛飞的病情快速恶化，癌细胞在腹腔内广泛转移，胆汁反流，腹腔内大量积水，多种脏器功能现出衰竭特征，随时都可能有危险发生，他写下了一份有7项内容的遗嘱，其中的第一条这样写道："我死后，将眼角膜等有用器官无偿捐献给有需要的病人，就算我为社会所做的最后一次奉献。"

写好这份遗嘱后，丛飞将妻子邢丹叫到身边："丹丹，你把这个遗嘱保存好，如果有一天我忽然不行了，你一定要帮助我实现这些心愿。关于器官捐献的问题，到时可能会有些波折，但你一定要替我坚持，别让我死不瞑目啊。"邢丹含泪向丛飞保证："你放心吧，我一定会按你的心愿去做。"

几天后，深圳眼科医院著名眼科专家、深圳狮子会眼库执行主席姚晓明来到深圳市人民医院看望丛飞。当时，由于已经有10天不能进食也不能喝水，丛飞连说话都显得有些吃力了。然而，当姚晓明走进病房时，丛飞还是用灿烂的笑脸迎接了他。他拉着姚晓明的手说："还记得两年前我们的那个约定吗? 我现在希望你来把这个约定变成现实。"

姚晓明听罢，眼睛一阵潮湿。那是2004年，姚晓明参加刚刚捐献了眼角膜的深圳高职院三年级学生吴翼飞的骨灰树葬仪式，丛飞也来参加了。感人的仪式结束后，丛飞动情地对姚晓明说："将来我去世了也要像吴翼飞一样，捐献眼角膜，为他人送去光明。到那一天,就请你来取我的眼角膜吧。"临分手时，丛飞还认真地说："姚大夫，到时候你可要帮我兑现我们的约定啊!"

他们谁都没有想到，两年前的这个约定，这么快就将变成现实。姚晓明听丛飞重提那个约定，泪水禁不住涌了出来。他充满真情地这样安慰丛飞说："你还这么年轻，一定要挺过这一关，我们的约定可以兑现，但我不希望是现在，而应该是十年甚至二十年后。"丛飞笑着摇了摇头："人总有一死，生命的价值也不在于长短。我现在已经做好了迎接死亡的准备，你到时候就来兑现我们的约定吧！"

2006年4月3日，姚晓明陪感动中国的另一个爱心人物洪战辉来看望丛飞。当时，丛飞已经病得相当严重，时常昏迷，说话已经很吃力了。然而，丛飞还是悄声叮嘱姚晓明道："别忘了我们的约定，我活不了几天了，我闭上眼睛后，你马上就动手摘取，千万别因为时间的拖延而影响了角膜的质量，这对接受移植的患者不利。"

4月20日10时，丛飞血压下降，呼吸急促。丛飞父亲张万军意识到情况不妙，马上依照儿子的心愿，第一时间打电话给姚晓明，让他做好前来摘取角膜的准备。在医护人员的全力抢救下，丛飞的心跳和血压又逐渐平稳下来。然而，到了19时许，丛飞的心跳和呼吸都越来越弱。邢丹伏在丛飞的耳边，声泪俱下："老公，你就这样要扔下我和孩子走吗？想想我们的孩子，想想你要陪我到老的承诺，你千万别走，别走……"也许是心灵的感应，已经处于深度昏迷的丛飞听了妻子肝肠寸断的话语，眼睛忽然睁开，深情地凝视着邢丹。他嘴唇动了几下，但却再也无力说出一句话了。

一个小时后，丛飞的心脏停止了跳动，但那双睁大的双眼却一直不能闭上。邢丹明白，丛飞要求捐献角膜的心愿还没能实现。她马上让人给姚晓明打去电话，请他立即赶来。

2006年4月20日21时20分，一场特别的手术在深圳市人民医院肿瘤科312病房进行。姚晓明与他的助手陈淑莹充满敬意地开始了这台眼角膜的摘取术，深圳市人民医院肿瘤科护士长彭金莲在旁协助。21时40分，姚晓明将丛飞的右眼角膜顺利取出，4分钟后，左眼角膜也顺利取出。他告诉大家，丛飞的这对角膜水晶般晶莹透彻，如同他纯洁美好的心灵。令邢丹欣慰的是，

▽ 接受丛飞角膜捐献的患者赶来参加丛飞追悼会

眼角膜的捐献手术刚刚结束，丛飞原来一直不肯闭合的双眼安然闭上，神态是那样的安详。邢丹与丛飞的父亲张万军都握着姚晓明的手说："感谢你为丛飞实现了遗愿，使他不留遗憾地离去。"随后，6名眼疾患者透过丛飞的角膜，又重新恢复了视力，重新见到了这个美好的世界。丛飞走了，但他用歌声搭筑的爱心舞台永存，他用高尚铸造的灵魂家园永存，他用生命谱写的时代赞歌永存！

 ## 丛飞不死

★★★★★

"他没有死，这样的人不会死。他永远活着。"几天来，各网站论坛出现大量纪念丛飞的帖子，人们以挽联、诗词、感言和文章等各种形式悼念丛飞。这些文字饱含真情，感人肺腑。从深圳新闻网、深圳之窗、深圳热线、新华网、人民网、网易网、新浪网等网上论坛精选部分有代表性的帖子，分挽联、挽歌、感言三部分刊出，以表达网友"传递爱心和谐深圳，丛心交流飞向永恒"的情感和心意。

"到今天，我们都不能相信丛飞已经永远地离开了我们。那样一个全心全意帮助别人的人，那样一个乐观善良、活力无限的人，怎么会走呢？"多年来一直接受丛飞资助的贫困学生、原贵州省织金县官寨中心学校校长徐习文，在丛飞病逝后的第二天给报社记者打来电话，几度哽咽。

贫困山区的孩子们永远也忘不了，就在丛飞身患胃癌病危前夕，还给他们捎来口信，说已经筹集了50台电脑，已经委托团市委送往贵州，让大山深处的孩子们更多地了解外边的世界。

山区孩子成了丛飞心中永远的牵挂。他在遗嘱中留言："团市委的领导把我在贵州资助的150多名贫困学生接过去继续资助，这对我是一个极大的安慰，孩子们不会因为我的离去而失学，他们依然可以坐在教室里读书，这真是太好了。希望这项爱心工程会继续下去，直到孩子们都能顺利完成学业，成为社会的有用之材。"

自1994年丛飞开始资助贫困失学儿童读书以来，接受他长期资助的孩子从二十几名发展到178名，他每年都要为此付出一大笔学费。为了能按时交足孩子们的学费，他拼命地进行演出，经常一天演出三四场，长年处于超负荷状态，甚至生病都舍不得去医院治疗。

2005年2月起，丛飞因长时间吐血、便血而无力再登舞台，孩子们新学期的学费成了压在他心头的一块大石头。尤其是接到孩子家长打来催要学费的电话时，他的心情格外焦急，一连几天睡不着觉，病情快速加重。到 2005 年 4 月，丛飞的身体极度虚弱。面对他严重的病情，妻子邢丹一再劝他住院治疗，可丛飞却坚决不肯："山区孩子们的学费还欠着，我们总不能借钱住院治病，还是在家吃药静养吧。"

丛飞将社会各界送给他治病的钱拿出 2 万元，交给好友刘家增："新学期已经开始两个月了，我还欠着孩子们的学费。现在有些钱了，你替我先把这 2 万元寄给贵州的孩子，余下的想办法再寄。"当时，丛飞的治疗费还很有限，刘家增说什么也不肯接这笔钱："你已经病成这样了，医疗费还没有凑足，我怎么忍心去寄走你的救命钱呢？"丛飞急了："老刘，我们在一起这么多年，难道你还不了解我的心吗？我知道自己病情的严重性，我也知道医疗费还不足，可不给孩子们交上新学期的学费，我心里不安啊。"刘家增听罢，不好再明确拒绝，便拖了几天未办。2005 年 5 月 23 日，听说有人去贵州，丛飞马上拿出那 2 万元钱，请对方捎往在贵州织金县官寨乡中心学校读书的三十多个孩子。孩子们得知身患晚期胃癌的丛飞爸爸又给他们捎来了学费，个个悲伤不已。那撼人心肺的哭声在校园操场上空久久回荡。

从 2005 年 5 月 27 日起，丛飞开始了为期 10 个疗程的化疗。化疗期间的丛飞身体已经相当虚弱，不仅无法吃饭，甚至连喝一口水都要引发剧烈的呕吐。

"这个时候，许多病人只会心情烦躁不堪，根本没有心情去想别的。而丛飞却还在想着山区孩子们的学费，真是让人特别感动。"市人民医院的医生们说起病中的丛飞，心情难以平静。

那是第三个化疗期结束的第一天，丛飞感觉自己的身体有了些力量，可以下地走一走了，便向医生提了一个要求："我想出去一趟办点事。"医生听罢，坚决不允："你刚刚接受完化疗，身体十分虚弱，免疫能力很差，如果染上感冒，后果将不堪设想！"

此时，丛飞惦记的是山区的孩子。他焦急地说："替我给贵州独山的曹佳佳、吴玉林等13个孩子寄点钱吧，他们家里肯定又揭不开锅了。"看到儿子病成这样还惦记着贵州山区的苦孩子们，母亲李彩凤劝他说："你还是好好治病，不要再操那么多心了。如果非得要继续捐助，也得等你治好病再说。"

"什么时候才能治好我的病？"丛飞一声长叹，露出无可奈何的表情。他终于明白，在这个时候，让谁替他往外寄钱都是一件难事。他决心溜出医院，亲自去邮局寄钱。下午5点钟，丛飞终于瞒过护士和家人的眼睛，悄悄溜出医院直奔邮局。

当丛飞将7000元钱分别寄给13个特困学生后赶回医院时，被母亲发现了。她又气又心疼地看着儿子说："我的傻儿子，你的好事要做到什么时候为止呀？"丛飞轻松地一笑："活一天就做一天。你们如果真爱儿子，就满足儿子的心愿，因为做完这些事情，我心里会感到一种特别的轻松，就连睡觉都会感到踏实。"

丛飞在病床上经常做的一件事，就是不断地读所资助的孩子们从外地给他写来的信。得知孩子们学习进步了，他会发自肺腑地高兴，而看到孩子们说起家庭的不幸或生活中遇到的难题，他会跟着忧愁。贵州黔南的一个孩子写信告诉他，由于学校没有电脑，他们这群已经读到初中的孩子，至今不懂如何使用电脑。丛飞读罢这封信，心里久久不能平静："现在已经是信息社会，孩子们就是学会再多的书本知识可与信息社会脱节，对他们将来步入社会将是多么大的缺憾！我要想办法给孩子们买一批电脑送过去！"

当天晚上，他把自己的想法说给妻子邢丹，希望她能同意拿钱给他实现这个愿望。一直对丛飞的爱心事业无比支持的邢丹，再一次表现出一贯的夫唱妻随："没问题！"

得知丛飞一直想为山区孩子们购置电脑的消息，华为公司的几位领导当即做出决定："无偿捐赠给丛飞50台电脑，帮他了结一份心愿！"很快，华为公司将50台崭新的电脑出库单送到了丛飞的病榻前。

2006年2月初，当贵州织金的孩子们收到丛飞送去的第一批电脑时，都兴奋得手舞足蹈。第二批电脑已经作好了运输准备，计划在深圳团市委去贵州为丛飞在那里资助的154名贫困生送学费时一并捎去。据当地有关人士介绍，这批电脑可以使两所学校建立起微机室，孩子们可以通过网络知晓大山外边的世界了。

留给半岁女儿的遗书

★★★★★

从 2006 年 3 月开始，丛飞已经进入停止治疗的状态。3 月 4 日那天中午，他看着熟睡在身边不到 5 个月大的婴儿，流下了辛酸的泪水：“我的孩子，你才这么小，还不记得爸爸长得什么样，就要成为没有爸爸的孩子了……”随后，他拿出一个笔记本，开始给女儿留下了这封催人泪下的遗书：

我的乖女儿是最幸福的，但也是最不幸的。她是看到事情最多的，也是最不明白的，她现在只有 4 个月零 10 天。她在爸爸的心中是印象最深的，但我这个当爸爸的在她的印象中是最模糊的。宝贝，爱女，爸爸的心肝！这些词用在我对你的那种爱上面都难以表达出万分之一。

女儿，当你亲爱的妈妈拿出这个本子时，你可能长大了，明白事理了。只可惜你我父女俩只能在两个世界里通过妈妈来沟通彼此想念之情了。

爸爸的乖女儿，爸爸在给你写这封信的时候，心情是无比沉重的，因为爸爸舍不得离开你和你那美丽、善良、识大体的妈妈！你的爸爸虽然被人们说得很伟大很英雄，其实你的妈妈比爸爸好很多。这些年你的妈妈养你长大，一定非常的不容易。请你代替爸爸说一声"谢谢"！这两个字虽然很平常，但在我和你妈妈这里却包含得太多太多！只能用心去体会吧。

现在你爸爸我在给你写信的同时，身体的强烈剧痛是无法用语言来表达的，边呕吐边给我的女儿你写这封信，所以字写得也许难看一点，望女儿谅解。爸爸在这个世界上的日子不多了，但我这个当爸爸的多活一天甚至多活一个小时陪在你和妈妈的面前都是很宝贵的。

女儿，爸爸很感谢你。你在你妈妈肚子里四个月的时候，一直到爸爸去世前，你和妈妈都在病床前看守着爸爸。我想，现在的你一定学习很好，长得和妈妈一样漂亮吧？（其实，长得像爸爸也不会丑的，是吗？宝贝）也一定很孝顺很懂事了。

女儿，如果你考大学了，爸爸希望你选择历史，学好历史，不论在工作中和日常生活中都会大有用处的。也许爸爸管得太多，还是征求女儿的意见，爸爸不会强求你太多的。

邢小丛飞是爸爸给你起的名字，我想名字的含义妈妈会讲给你听的。写到这儿，爸爸身体很难受，上床休息一下，再跟我的小宝贝女儿说，好吗？吻你！对了，今晚爸爸不在你身边可不要哭闹，让姥姥和妈妈好好休息一下。

丑丑儿（这个名字是妈妈给起的，名字叫丑丑儿，但在爸妈的心里你是世界上最美丽的），接着和你说说话吧！这两天身体越来越不好了，但是昨晚还是和你回家里住的。你不管啥时候见到爸爸都笑，笑得那么甜，那么好看！你越对爸爸笑，爸爸越心酸。多么希望在我活着的时候，亲耳听你叫我一声爸爸啊！现在你已经四个多月大了，如果再给我三个月或者半年的生命呢，我也就差不多能听到了！

孩子，爸爸爱你啊！太爱你了！爸爸是一个坚强的人，但是在你和妈妈面前我却像个孩子了，变得爱流泪。女儿笑，爸爸哭。孩儿，有几个小时没和你在一起了，想得爸爸受不了了，看到你，爸爸的痛就会减轻一多半！！真的。我的小宝贝，爸爸给你写的这封信是字字滴血，心里掉泪，几次停笔难写下去。今天就写到这儿吧，明天再写。一定，再痛，爸爸也要坚持。多活一天，我就能和宝贝你多在一起待一天，多亲亲你的小脸蛋！

爸爸这两天疼痛稍有好转，也许我们父女的深情感动了上天，或许我女儿天生聪明。3月1日的时候，你在爸爸最痛的时候叫了一声"爸爸啊呀"！你喊的虽不是太清楚，发出"波波"的声音，但你毕竟才四个月大一点啊！就在今天早上，你居然喊出了一个长音"爸"，很清楚，你真是太可爱了，我的小乖宝贝！！你的笑能让爸爸忘记疼痛，忘记死亡带来的恐怖气氛，你纯美的笑能化解一切。爱你！我亲爱的乖女儿！

今天化验结果很不好，由于一个月没吃饭了，没有营养，白血球只有2600，正常人最低是4000。今天爸爸虽然浑身没半点力气，但爸爸还是把你抱起来了，看着你的笑，爸爸就不疼痛了。今天你二叔和老叔从东北老家坐飞机来深圳看爸爸，可能到晚上七八点钟才能到医院。宝贝乖女儿，爸爸累了，写不动了，今天就写到这儿吧。

深爱你的爸爸

2006年3月4日下午2点

▷ 丛飞一家三口应邀出席《丛飞震撼》研讨会

留给家人的遗书

★★★★★

与癌症苦苦抗争了 10 个月，我尽力了，医生们也尽力了。只是，我才 37 岁，还有许多应该做而没来得及做的事情，壮志未酬身先死，真是无比遗憾。但人总有一死，这是无法更改的自然规律，请我的家人和给予了我亲人般关爱的领导、朋友们节哀。我活着的时候在舞台上带给大家欢笑，死后也不愿意看到大家为我悲伤。

37 年的人生旅程不算长，但我活得也算有些价值，尽自己所能为社会为他人奉献了一些爱心，党和人民却给了我很高的荣誉，尤其是我的事情经《深圳特区报》记者徐华详细报道之后，来自社会各方面的关爱一直陪伴着我，深圳市领导和广大市民给予病中的我以极大的关爱，陪我和我的家人度过了许多痛苦而难忘的时刻。没有这些爱心的支撑，我这个去年 5 月份就被医生宣布只有三个月左右生存时限的晚期低分化腺癌患者，绝对活不到今天。我感谢众多为我付出无限关爱的深圳人！如果有来生，我还会走这样一条人生之路；如果有来生，我还要做深圳市民！

现在有几条嘱托，请家人能够按我的心意做到。

第一，我死后，将眼角膜等有用器官无偿捐献给有需要的病人，就算我为社会所做的最后一次奉献；

第二，葬礼从简。我活着的时候一直过着俭朴的生活，死后也不必铺张浪费，尤其不要搞什么纸汽车、纸别墅之类的东西，我生前不留恋这些，死后也不会留恋。迷信的东西不要搞。

第三，办完我的后事，请父母带着我的大女儿睿睿返回辽宁农村生活，那里的生活费用比较低，他们能够比较容易过活。待睿睿长大成人后，可尊重她的意愿，选择在辽宁随爷爷奶奶生活还是随我妻邢丹在深圳生活。

第四，小女儿邢小丛飞还是个襁褓中的婴儿，在她还不记得我的模样的时候，我就抛下她走了，真是一个太不负责任的父亲。对不起你，我的孩子！希望我妻邢丹能克服各种困难，将这个不幸的孩子抚养成人，并把我的一些遗物为她保存下去，等她长大懂事后再交给她。

第五，我一生清贫，没有什么值钱的家当，家中唯一值钱的就是那架陪伴了我多年的钢琴了。两年前，我就承诺给深圳莲花北残疾人康复站的残疾人们买一架钢琴，让他们孤寂的生活多一些欢乐，可至今没能兑现，就把这架旧钢琴送给他们吧。

第六，团市委的领导把我在贵州资助的150多名贫困学生接过去继续资助，这对我是一个极大的安慰。孩子们不会因为我的离去而失学，他们依然可以坐在教室里读书，这真是太好了。希望这项爱心工程会继续下去，直到孩子们都能顺利完成学业，成为社会的有用之材。

第七，从1994年来深圳的第一天起，我就热爱这座美丽的城市，我就把自己当成了一个深圳人。这里是我灵魂的家园，我离不开这座城市。所以，请父母一定同意将我的骨灰留在深圳。再见了，亲爱的爸爸妈妈！今生未能报答您们的养育之恩是儿的一大不孝，也是儿的一大遗憾。希望你们二老一定不要过于为我悲伤，保重自己的身体。也希望两个弟弟能好好孝敬父母，替我尽一份孝心。

再见了，我的爱妻丹丹！今生今世，我最幸运的一件事就是娶到了你这样一位美丽善良又温柔贤慧的好妻子。我爱你，但却为你做得很少。如果有来生，再让我做你的丈夫，我会加倍地珍惜你、爱护你。

再见了，所有关心我爱护我的朋友们！感谢你们所给予我的支持与帮助！希望你们能爱惜自己的身体，不要像我这样小病不治大病没招。只有身体好了，才是做事的前提与基础。

丛飞

2006年3月3日

于深圳市第一人民医院肿瘤科312病房

爱心在传递

→ 丛飞与残疾人胡诗词

★★★★★

丛飞将7万多元血汗钱送给一位残疾人,帮他实现了上大学、当作家的梦想。这名坐着轮椅的残疾人就是胡诗词。

1999 年 3 月,丛飞去湖南汉寿县为希望工程义演,并捐出 10 万元设立"丛飞爱心助学基金"。就是在那一次义演中,丛飞认识了坐着轮椅赶来看他的特殊观众胡诗词。

"那次义演之前,丛飞的名字在我们汉寿就被广为传颂,他每年不但要资助贫困学生,还多次来湖南举办希望工程义演。1999年 3 月初的一天,听说丛飞又来了,我在朋友的陪同下去看他,对他表示敬意。没想到匆忙见了一面,我竟在这个世界上又多了一个兄弟。"提起与丛飞相识的往事,胡诗词心情激动。

胡诗词家境贫寒,儿时在一次大病后

失去了行走能力，下肢高位截瘫。小学三年级时，他不得不辍学。他做梦都想读大学、当作家，但残酷的现实让他收起各种幻想。由于不能行走，也无法站立，胡诗词只能让人背着来见丛飞。当时丛飞刚从舞台上下来，正与大家交谈。当他得知胡诗词年过三十却只读过小学三年级时，表现出了一种特别的同情。胡诗词告诉丛飞，尽管他只读过小学三年级，但他对文学充满兴趣，想成为一名作家。丛飞说："你的理想令人称赞，但要实现作家梦，仅有小学三年级的文化远远不够，你还应该读书，提高文化水平。"胡诗词边听边点头，眉头也情不自禁地皱了起来。他何尝不想去读书？丛飞看出了他的难处，当即说："你不必为交不起学费发愁，今后你的学费由我承担。"说罢，他问身边的人读成人大学每年需要多少学费，有人告诉他，每年按7000元算，四年本科则需要28000元。丛飞从包里拿出刚收到的一笔演出费27000元交给胡诗词："这些钱你先拿着，用它来实现你的大学梦吧。"

胡诗词一时不知说什么好："第一次见面……我怎么能收你这么多钱？"丛飞笑着说："人生都有为难的时候，你就把我成你的兄弟好了。只要你自强自立，我会一直帮助你。"

丛飞的鼓励与帮助给了胡诗词巨大的激励。他开始发奋读书，次年以优异成绩通过了成人高考，开始学习汉语言文学专业的本科课程。对一个生活不能自理的高位截瘫者来说，胡诗词为读书要克服常人难以想象的困难。为了减少上学时上厕所的不便，他往往整天都不敢喝水。

为了让胡诗词顺利完成学业，2000年春天，丛飞来湖南演

爱心在传递

出，又给胡诗词送来 1 万元。看到丛飞如此慷慨，许多人都认为丛飞一定很有钱。他们不知道，丛飞在深圳生活得那么俭朴。

每次到湖南，丛飞演出后都要看望那些贫困学生，也看望胡诗词。他关心胡诗词的生活，当胡诗词跟他倾诉自己的恋爱问题时，丛飞鼓励胡诗词大胆追求幸福。胡诗词告诉记者："我现在有了一个幸福的家庭。"

4 年过去，胡诗词拿到了大学毕业证书。为了扶持胡诗词干一番事业，丛飞继续资助他。"只要我遇到了难处，丛飞省吃俭用也要给我寄几千

◁ 丛飞生前的
最后一次演出

元钱，使我一次又一次地渡过难关。"胡诗词说，这几年丛飞资助他的钱共有 7 万多元。

胡诗词在丛飞的帮助和鼓励下，读完了成人大学，并且真的成了作家。他感受到了人间的善良与美好，决定把爱心继续传递下去，也资助了 6 名贫困学生。

胡诗词读大学的过程，也是对人生的一个再思考过程。他告诉记者："我从丛飞身上，体验到了人间的善良和美好。这些我在丛飞的言传身教中学到了。他是对我的人生产生巨大影响的人，令我终身难忘。"胡诗词对未来充满希望，他的创作灵感也一发而不可收。短短的几年时间，他在《湖南日报》文艺副刊以及《作品》、《诗刊》、《湖南作家》等报刊上发表了 300 多篇作品，被湖南作家协会吸收为会员，后来又成为中国残疾人作家协会的会员。由他主编的《沧浪》杂志也一天天发展壮大。

"我不知道怎样才能报答恩人，可是，每当我说起这些，丛飞都对我说：我帮助别人，从来没有想过能得到回报。如果你真的希望回报我，就像我一样帮助那些需要得到帮助的贫困学生吧！"

于是，胡诗词从收入中拿出一部分钱，资助 6 名贫困学生读书。他说："虽然我不能像丛飞那样资助 100 多名贫困学生，但我还是通过这件事感受到了一种前所未有的快乐。当我把这一切告诉丛飞的时候，他非常高兴地对我说，我们每个有能力帮助别人的人，都向有困难的人伸出援助之手，这个社会才会更和谐、更美好。如果他帮助过的每一个人都能理解这一点，在接受别人的爱心之后，再把这种爱心传递下去，这才是他最希望看到的。"

2005年春节过后，胡诗词在电话中得知丛飞的身体不太好，多次打电话安慰丛飞要放松一段时间，待身体调养好些再重返舞台。丛飞只是安慰他说并不要紧。胡诗词信以为真："总觉得他长得高大魁梧，尽管工作起来特别拼命，但也不至于有什么太严重的病。"然而两个月后，胡诗词再打丛飞的电话，不是关机就是无人接听，发了多次短信也是没有回应。这时我才急了，猜测一定是出了什么大事。因为以前我给丛飞发短信时，就算他正在准备登台演出，也会给我回话。"5月30日，胡诗词终于打通了丛飞的电话，丛飞的一个朋友在电话里将丛飞患上胃癌的消息告诉了他。胡诗词无法接受这个残酷的事实，握着电话哭了。

第二天，胡诗词坐着轮椅昼夜兼程地赶到了深圳市人民医院，见到丛飞之后忍不住大哭："让我来替你得这场病吧……"丛飞拉着他的手，为他擦去眼角的泪花："坚强起来，不要难过。"胡诗词强忍泪水，拿出自己新出的一本书送给丛飞。丛飞露出了欣慰的笑容："你自强自立，有志气，我为有你这样的好兄弟而高兴！"

丛飞又问起胡诗词资助的那6个贫困学生的学习情况，鼓励胡诗词要把这些孩子供到毕业。胡诗词回答："请放心，再苦再难，我也要对孩子们负责。"接着，胡诗词握住丛飞的手，带着哭声说："受你资助这么多年，都没有当面好好地道谢，恩人，让我对你说声谢谢！"

丛飞听罢，让妻子邢丹拿出1万元钱给胡诗词："我知道你的日子过得不容易，如今又要供几个贫困孩子完成学业，把这些钱收下吧，就算是我对你的最后一次资助！"

望着化疗后极度虚弱的丛飞，胡诗词泪流满面："这些年来，你自己省吃俭用，却在我一个人身上花掉了10万多元，现在你已经病成这样，我怎么好意思还拿你的救命钱呢？"两个人你推我让，谁也说服不了谁。

"你如果不收这钱，我死也难以瞑目，因为我到另一个世界也会不放心你和那几个孩子！"最后，胡诗词只好收下了丛飞的"最后一次资助"。

 ## 丛飞与刘家增

★★★★★

丛飞为社会无私奉献的爱心旅途上，身后始终有一个身影，他就是业余摄影爱好者刘家增。他用手中的摄像机，跟踪拍摄多达

8 年，留下了 100 多盘珍贵的录像资料，客观真实地记录了丛飞的生活与工作及去贫困山区捐资助学的历程。这些第一手素材，被中央电视台及北京卫视、上海卫视、深圳卫视等国内几十家电视台广泛采用，给观众带来了巨大的感动与震撼。

说起已经乘鹤西去的好友丛飞，刘家增眼里是流不尽的泪水，心中是止不住的伤痛。往事像电影一样，一幕幕在他的眼前浮现。1993 年，53 岁的刘家增从河南安阳广播电视局应聘到深圳市青少年活动中心任乐团指挥。因其有摄像专长，后来便改行从事摄像。1996 年，丛飞参加在大家乐舞台举行的"荔枝杯"歌手大赛，首次进入刘家增的摄像机镜头。

刘家增回忆说，丛飞真正给他留下深刻印象是在 1998 年。当时，深圳团市委在大家乐舞台举办为贵州山区失学儿童捐资助学的义演。丛飞主动找到刘家增，希望能介绍他参加义演。团市委最后给丛飞安排 5 分钟的时间，演唱了一首《骏马奔驰保边疆》。丛飞高昂动听的歌喉赢得观众的热烈掌声。接下来，丛飞又即兴表演了拿手的小品模仿秀，毛泽东、周恩来等伟人还有一些名人，均被他模仿得惟妙惟肖。结果他一个人演了 25 分钟，以至于后面的部分节目被迫取消。此后一个月内，丛飞又连续参加义演 20 多场，不但分文不取，还兴致勃勃，热情很高。

"这个小伙子不但歌唱得这么好，还有一副乐于奉献的热心肠，真是太难得了！"从此，丛飞在刘家增的脑海里留下了非常美好的印象，对这个比自己小二十多岁的晚辈充满好感。

1998 年以后，刘家增离开了青少年活动中心工作，但仍然关注着丛飞。凡是有丛飞参加的大型演出，他都会前去，并为他悄悄摄像。

2002 年夏天，刘家增听说丛飞要去贵州，看望他捐助的一些贫困学生，便跟着丛飞一起去了贵州。路上，他与丛飞聊天，方知丛飞不仅在贵州资助着几十名孩子，在湖南、四川等几个地方都有他资助的孩子。于是，他这样问丛飞："你一个自由歌手，出场费虽然不低，可毕竟收入不稳定，你养那么多孩子得花多少钱啊？"丛飞听罢，这样对他说："看到那些孩子家里穷得念不起书，我心里难受，因为我初中二年级就因为家里交不起学费而辍学了，知道读不起书的孩子心里有多苦。现在，只要我自己辛苦一点，节省一点，就可以改变他们的困境，值得。"

到达贵州后，丛飞待了 7 天，白天去学生家访问，亲手将学费送到这些孩子的手里，晚上还要搞希望工程的义演，为更多失学的孩子们筹集学费。除了走的那天晚上没时间演出外，丛飞 7 天演了 6 场，每天晚上都要登台，而且都是他一个人的独唱音乐会，疲劳的程度可想而知。刘家增见他如此辛苦，问他为什么这么拼命，他笑着说："好不容易来一趟，能多做就多做点吧，孩子们穷得太可怜了。"

这次贵州之行，刘家增对丛飞有了深刻的了

解，对他充满了敬意。从此，这两个年龄相差二十多岁的两代人，成了一对无话不谈的好朋友。

2003年、2004年，刘家增又先后两次随丛飞去贵州山区捐资助学义演。每到一地，他白天家访送学费慰问老人，晚上就举行义演。看到有些孩子家粮食不够吃，他就掏钱给人家买；看到一些老人衣不掩体，他竟将自己行李里的换洗衣服拿出来送给他们。有一次，丛飞走访了三十多个孩子的家，原计划只是将学费送到孩子们的手中，但走进那些穷得一家四口只有一条被子、孩子们一年四季穿不起鞋子的家时，他的眼里就涌上了泪花，把身上的钱一次又一次地捐掉，最后捐得分文不剩了，便向随他一起去的朋友们借了再捐。

对这片贫瘠而又多情的土地，丛飞怀有一股浓烈的情愫。

2005年4月，丛飞身患晚期胃癌住进深圳市人民医院后，接受完手术的第5天就同刘家增说起了山区孩子们的学费："我还欠着孩子们这学期的学费呢，要尽快想办法给他们补上，防止他们重新被迫辍学。"于是，在他手术两周后，刘家增替他去了一趟贵州，给孩子们送去了2万元钱。

说起那次去贵州给孩子们送学费，刘家增的

心情难以平静："要知道，当时的丛飞刚刚手术，治病的费用还是个未知数，可他竟从别人捐给他治病的钱里拿出了2万元给孩子们交了学费，让人感到有些不可思议。但这就是事实。当山区的孩子们收到这样一笔学费时，个个被感动得痛哭流涕。"

那次去贵州送学费前，丛飞特意叮嘱刘家增说："其他孩子的学费，交到他们的家长手里就行了，可织金县官寨乡中心小学王显云的学费，就必须亲手交到王显云的手里，因为他的父亲太爱喝酒，我担心他将这笔钱也拿去买酒喝。你好好劝劝他，多为孩子着想，那么穷的家，就不要过多喝酒了。"为了实现丛飞的这个嘱托，刘家增在王显云家等了几个小时，终于将钱亲手交到了王显云的手中。

当王显云的父亲得知患了癌症的丛飞依然如此关心他一家人时，感动得泣不成声。刘家增临离开时，他郑重向其表态：他一定要记住丛飞的话，今后再也不喝酒了。

2006年春节前，刘家增陪丛飞参加"感动中国"和"聚焦三农十大新闻人物"的颁奖典礼。央视将丛飞资助的苗族女孩晏语轻轻接到了北京，与丛飞在节目中见面。由于事先不知，双方在央视七频道的演播大厅见面的那一刻，都十分激动。晏语轻轻伏在丛飞的怀里，泪流满面地叫了一声"爸爸"后，就再也说不出话来。虽然她与丛飞分别不过一年，但如今站在面前的爸爸已经被病魔折磨得弱不禁风了，她看了心疼得无法言表。

"你与丛飞原来素不相识，为什么会叫他爸爸呢？"听了女主持人的问话，晏语轻轻一边流泪一边回答道："他抚养我长大，他就是我的爸爸！"那一刻，台上台下掌声雷动。丛飞抚摸着晏语轻轻的头，动情的泪水夺眶而出："好孩子，我永远是你的爸爸，你永远是我的女儿！我们生生世世都做父女！"

丛飞无私的奉献情怀和高尚的精神境界，深深地打动了他身边的每一个人，他们也在通过各种方式对丛飞表示着自己的敬意与关爱。丛飞身患重病后，刘家增一直守在他的身边，陪他求医找药，为他跑腿办事，同时还用手中的摄像机，留下了他生活中许许多多精彩的瞬间。

他的镜头里，有丛飞对贫困山区孩子们的一往情深，有丛飞与病魔顽强抗争的坚强无畏，有丛飞在身患晚期癌症后依然对所资助的学生和残疾人的种种关爱，也有丛飞在生命的垂危时期对家人的百般牵挂与叮咛。

"在丛飞身边这 8 年，对我人生的影响非常大，我亲眼看到了一个毫不利己专门利人的人是怎样用自己的辛苦换取他人的快乐。可以说，在丛飞身边，我发现了另一种人生。"年过六旬的刘家增说起丛飞，一脸的敬重，一脸的痛惜。

"我这一辈子最大的遗憾，就是没能亲自送丛飞离去。每当想起这一点，我心里就非常难过。"2006 年 3 月 23 日，一直照顾病中丛飞的刘家增突然便血不止。他到一家医院进行检查，结果均为红血球指标极度异常，医生怀疑他患有膀胱癌，要求他马上住院检查治疗。而此时的刘家增由于是在河南老家退休后来的深圳，在深圳没有医疗保险，只能回河南老家治病。

一边是病重的丛飞，一边是自己的病情，刘家增一连多日进退两难。在家人的一再催促下，他于 4 月 6 日离开了深圳返回河南老家治疗。而此时的丛飞已经时常处于昏睡状态，刘家

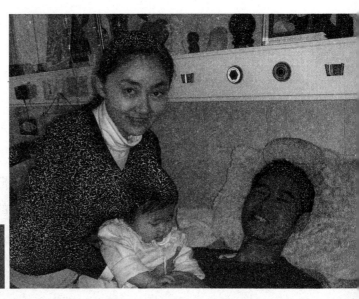

增只好向丛飞的妻子邢丹告别，并将自己的病情告诉了邢丹。

4月20日晚上，刘家增在河南得知了丛飞去世的噩耗后，一夜未眠。"尽管早就有了他离去的思想准备，但当他真的走了时，心里是无论如何也无法接受，真的不敢相信。这么好的一个天使般的人，怎么会死呢？"

刘家增返回深圳后，团市委的领导得知他患病在身，带着慰问金前去看望慰问。他们深情地对他说："你作为丛飞的朋友，为丛飞做了很多事，还留下了他许多感人的珍贵镜头，很难得，我们大家都很敬重你。"

邢丹也十分关心刘家增的病情，多次为他的治疗献计献策。经过一段时间的治疗，刘家增原来的担心与忧虑不见了——他的血尿消失，癌症疑虑解除。

　　"丛飞走了，但他留给我们的奉献精神永远不会走。"老刘表示，他在有生之年，会努力地向丛飞学习，接过丛飞手中的爱心接力棒，把奉献当成人生的一种目标和责任，在温暖他人的同时，也提升自己。

万众悲泣送别丛飞

→ 深圳全城举哀

★★★★★

丛飞病逝的消息传出后，在全国各地引起巨大反响，成千上万的群众纷纷自发举行追悼活动。众多网站自发建起了悼念丛飞的纪念馆，大家通过"点烛"、"献花"、"扫墓"和留言等方式，追悼丛飞。

丛飞的病情一直牵动着深圳市民的心。2006 年 4 月 20 日晚上 9 点多，丛飞病逝不足一小时，当人们从电波中获知这一噩耗后，成万上千的深圳市民从四面八方赶到深圳市人民医院。病房外、过道里、楼梯间，从一楼到四楼，都站满了自发前来送别的市民，现场拥挤但井然有序。大家神色凝重，眼含泪水，默默哀悼。

"为敬爱的丛飞送行，送上我们最深的思念，我们大家都希望他一路走好。"福田区某住宅区保安员朱先生一下班就赶去医院，手捧鲜花站在楼道里，他告诉记者，他要为丛飞送上心底最诚挚的敬意。

丛飞病逝的当晚10点多，深圳盐田港集团有限公司董事长郑京生先生仍在单位加班。当他从中央电视台播报的新闻中得知丛飞逝世后，立刻放下手头的工作，与3名同事驾车从盐田赶往深圳市人民医院。"到医院时，我们看到了四面八方闻讯赶来为丛飞送行的人。"

丛飞病逝的消息传出后，全国各地近百名群众纷纷来电对丛飞的去世表示哀悼，对其家属表示慰问，并询问丛飞追悼会时间等事宜。

中央电视台著名主持人朱军也来电详细了解情况，对丛飞亲属表示慰问。他表示，若时间允许，他将来深圳参加丛飞的追悼会，送丛飞最后一程。他透露，《艺术人生》栏目近期将制作专题节目，追忆丛飞。

深圳市民李女士在来电中说："敬爱的丛飞就这么走了，妻子邢丹带着年幼的孩子多不容易啊，我想和她做朋友，尽我所能在生活上帮助她。我衷心希望她能勇敢、乐观地继续生活下去。"

丛飞逝世后，国内多家网站都专门为他开辟了网上纪念馆，数千市民通过"点烛"、"献花"、"扫墓"和留言等方式，为丛飞送上最后一程。新浪、搜狐、网易和央视国际等各大网站也纷纷将丛飞不幸去世的消息置于新闻频道显要位置，天涯社区一篇悼念丛飞的网文更是被列为头条。网友们通过网络，对这位倾其所有、资助了178位贫困学生的爱心大使表达敬意和怀念。

在网上的留言中，祝福丛飞"一路走好"、对丛飞表达敬意、为丛飞送别的帖子最多。深圳新闻网网友"风和日丽"代表所有深圳义工说："向丛飞大哥致敬，沉痛悼念！一路走好！"

一名60多岁的新浪网友特意为丛飞做了一首诗《送丛飞》，以寄哀思：

凛然正气好男儿

德艺双馨誉苍穹

苍天无眼失骄子

大地长悲留英名

关山万里同声赞

长空一片诵歌声

歌喉双眸今犹在

激情滚滚长奔腾！

在来电和帖子中，有不少人建议应采取多种方式让丛飞的形象长留人们心中。深圳新闻网网友"黄伟雄"呼吁，为丛飞塑造铜像立于公园，供群众悼念。网友"卖火柴小男孩"建议，选择一条深圳新建的道路，将其命名为"丛飞路"，让生者踏着丛飞的足迹走下去。

许多人在网上相约，为丛飞送行。一网易网友留言说："我们一起约定好，在丛飞上路的那天晚上8点整，一起为他点起白蜡烛，用烛光为他送行。"

追悼会不放哀乐放歌曲

★★★★★

2006 年 4 月 25 日上午，丛飞遗体告别仪式在深圳市殡仪馆隆重举行。近 4000 名被丛飞帮助过或被感动过的人，从四面八方络绎不绝赶来。

在追悼会现场，人们听到的不是哀乐，而是丛飞亲自参与作词作曲并演唱多年的《只要你幸福》，最能体现他的一片赤子情怀：

不论你走大路，还是走小路，

一个人走路，前后是孤独。

无论你凋叶落，还是看日出，

我在与你同行，前后有照顾。

我是你过河的桥，是你乘凉的树，

是你风尘仆仆那间歇脚的屋。

只要你快乐，只要你幸福，

只要你圆上好梦，我就不辛苦。

只要你开心，只要你如意，

只要你回头一笑，我就很知足。

无论你踏青云，还是刨黄土，
一个人欢乐，是笑也是苦。
无论你映彩虹，还是穿云雾，
我在与你携手相互有搀扶。
我是你过河的桥，是你乘凉的树，
是你风尘仆仆那间歇脚的屋。
只要你快乐，只要你幸福，
只要你圆上好梦，我就不辛苦。
只要你开心，只要你如意，
只要你回头一笑，我就很知足。

这首被丛飞唱响的动人歌曲，在深圳广为传唱。如今，这首歌重新出现在丛飞追悼会现场，却使人更加悲伤，许多人一边随着曲乐轻声哼唱，一边泪流满面。歌声还是那样充满深情，可人却永远离开了这个世界……

中共中央政治局委员、书记处书记、中宣部部长刘云山委托中国文联发来唁电，中共中央政治局委员、广东省委书记张德江敬献花圈。团中央书记处第一书记周强，中国作家协会党组书记金炳华等领导同志和单位敬献了花圈。中央文明办、团中央、国家民政部部长李学举等单位和个人发来唁电、唁函。

中国作协党组副书记张健、团中央书记处书记尔肯江·吐拉洪，深圳市领导李鸿忠、白天、李意珍、戴北方、李锋、王京生、邱玖、廖军文等参加了告别仪式。

丛飞的生命虽然只有 37 岁，但他用无私大爱所铸造的崇高精神境界，犹如电光火石照亮深邃夜空，让一座城市引以为傲。

"我们会珍惜和记住丛飞所留给我们的每一个故事，这是诉说爱和坚韧的故事，是真正的深圳人、深圳英雄的故事。"深圳市委常委、宣传部长王京生主持仪式时，眼中噙满泪水。

灵堂外，聚满向丛飞告别的群众，他们手捧束束鲜花，带着亲手折叠的纸鹤，为自己心中的英雄送行。深圳莲花北残疾人康复站工作人员，与丛飞有着长达 8 年的深厚友情，泪流满面地说："一定要把丛飞的爱心传递下去。"

大爱无疆。丛飞去世前，在遗言中提出要无偿捐献眼角膜等有用的器官，为社会做最后一次奉献。4 名接受丛飞眼角膜移植的受益者，带着这个世界的光明，专程前来与丛飞诀别。

生前好友巫景钦，说起丛飞的故事，痛哭不已：你倾其所有，资助贫困小孩上学，帮助残疾人康复；在贵州山区，你不顾天寒，把棉袄脱下来，交给穿单衣的贫困学生……"你把幸福、好梦、快乐留给世人，把爱洒向人间"。

王京生说："感谢你丛飞，感谢你对我们共同生活的这座城市和人民的挚爱，你永远不可能与这座城市分离，你的精神就是这座城市的精神象征，并将永久地守护她前进和成长。"

几天来，关于丛飞病逝的消息在社会上产生了震撼性的影响。在深圳新闻网，市民网上献花达 17000 多人次，相关纪念文章录得 8 万多人次点击量，网友留言近 5000 条。

丛飞逝世后，中央文明办、团中央、国家民政部部长李学举、中国文学艺术界联合会等单位和个人发来唁电、唁函 140 多个，沉痛悼念丛飞同志。以下是摘录的部分唁电、唁函内容。

受中共中央政治局委员、书记处书记、中宣部部长刘云山委托，中国文联发来唁电：

惊悉青年歌手、"爱心大使"丛飞同志不幸逝世，中国文联谨受中共中央政治局委员、书记处书记、中宣部部长刘云山同志委托，并代表全国广大文艺工作者表示沉痛哀悼，向丛飞同志家属表示亲切慰问。

丛飞同志是新时期文艺工作者追求德艺双馨的杰出代表，是践行"三个代表"重要思想、树立社会主义荣辱观的优秀典范，是广大文艺工作者学习的光辉楷模。

丛飞同志的先进事迹和崇高品德，为我们留下了宝贵的精神财富。临终之前，他又决定将自己的器官馈赠社会，将爱心永远留在人间。根据云山同志指示，中国文联将采取切实措施，组织广大文艺工作者学习丛飞同志的先进事迹和崇高品德，努力争做德艺双馨文艺工作者，为繁荣发展社会主义文艺事业贡献自己的全部力量。

中央精神文明建设指导委员会办公室的唁电：

惊悉丛飞同志不幸病逝，特致电深表哀悼。

十多年来，丛飞以普通公民的身份致力于社会公益事业，身体力行中华民族传统美德和社会主义精神文明，以毫不利己、专门利人的精神实施一系列扶贫济困、奉献社会的善行义举，谱写了一曲时代精神的动人乐章。丛飞是在深圳改革开放和社会主义精神文明建设实践中成长起来的道德楷模，是深圳文明市民的杰出代表，是践行社会主义荣辱观的表率。丛飞短暂而富有价值的人生中所表现出来的精神境界、道德情操和崇高品质，是我们时代弥足珍贵的财富，值得人们长久地学习和景仰。丛飞也将永远活在人们心中。

民政部部长李学举的唁电：

惊悉丛飞同志不幸病逝，深表悲痛，特致电哀悼。并向丛飞同志的家人表示深切的慰问，望节哀。去年召开中华慈善大会期间，我曾看望过丛飞，不想今日竟得到噩耗，确实让人悲痛。丛飞是一个普通人，但他用爱、善良、真诚以至生命演绎出最完美、最精彩的人生。他用爱感动了中国。他把有限的生命融入到永恒的爱。世人将永远铭记在心。好人丛飞，一路走好！

中国音乐家协会的唁电：

惊悉中国音乐家协会会员、2005 感动中国年度人物丛飞同志不幸病逝，深表哀痛。丛飞同志十几年如一日地播撒爱心，资助了贵州、湖南、四川等贫困山区 178 名贫困儿童，生命垂危之际仍不忘捐出眼角膜，作为对人世最后的馈赠，体现了一名新时代文艺工作者最崇高的道德情操，他的精神深深感动着我们，我们相信，今后会有更多的文艺工作者自觉学习和弘扬丛飞精神，不求名利，积极营造奉献爱心的社会氛围，共同为建设社会主义和谐社会做出贡献。

 ## 爱心永留人间

★★★★★

那天，在丛飞追悼会礼堂，4岁的小姑娘洪美琳被哭成泪人的妈妈抱来了。

陪同的深圳市眼科医院姚晓明博士对邢丹说："你再看她一眼吧，她的眼里有丛飞的一部分眼角膜。丛飞还活在她的眼睛里。"一生奉献的丛飞弥留之际，捐出了他的眼角膜。包括小美琳在内的6位来自天南地北的受捐者，接纳了丛飞从身体上切下来的最后遗产。

邢丹紧紧搂着小美琳，为小女孩拭去眼泪："别哭，小心哭坏你的眼睛。丛飞叔叔还活着，我在你的眼睛里看到了他。"

是的，丛飞还活着。活在四面八方自发前来吊唁的人们心里，活在这倾城的念叨里。活在他的坚强里，活在他的奉献里，活在他为这个时代提升高度的精神境界里。

他用37岁短暂一生谱写的动人乐章，在这个城市乃至这个国家，得到了山谷雷鸣般的回响。

爱他的人和他爱的人，都来参加他的告别仪式了。

莲花北残疾人康复站的60多位残疾人一直是丛飞的牵挂。在遗嘱中，他把自己长伴左右的心爱的钢琴送给了康复站。

坐在轮椅上的巫妙春站长和曾受丛飞资助的海霞姑娘，抱着大家日夜赶折的500只纸鹤，早早来到市殡仪馆丛飞遗体告别仪式现场，面对丛飞遗像，久久不愿离去。

唐隆全是位医生。在丛飞生病期间，他多次到医院探望。他正要到外地出差，为了参加丛飞的遗体告别仪式，他带上行李箱，匆匆忙忙来到追悼会现场，送别好人丛飞。

他说，在物欲横流的今天，丛飞无私奉献的精神实在感人。

深圳市东方银座集团董事长钟帆飞带着家人及员工，抬着用香水百合制作的大花圈、打着追悼横幅赶来了。她说，向丛飞最后表达一次爱心，是她的家人和员工们共同的心愿。为了买到上等的香水百合，她和妹妹跑了6个花店，直到午夜才把花圈做好。

满头银发的深圳义工联老义工蔡名宏已79岁了。得知丛飞去世的消息后，他无法抑制住内心的悲伤，奋笔疾书，写下一幅歌颂丛飞爱心精神的书法作品，并亲自赶来将字幅送给丛飞的家人。字幅这样写道：丛飞走了，但他的精神永远活在人们的心中，他是深圳义工的模范代表。

丛飞生前任德育校长的展华实验学校的120名师生，打着"丛飞校长，你的展华儿女永远想念你"的横幅，参加丛飞遗体告别仪式。在敬献给丛飞的花篮上，他们写下"洒爱济贫借贷生命无怨悔，泪送好人传承懿德尚善真"的挽联，表达对校长丛飞高尚人格的敬佩和褒扬。

著名歌唱家、丛飞的良师益友郭颂来了。本来他身体不好，儿子要代他来，但他坚决要最后看一眼"虽然一生短暂，但为人民留下了闪烁光芒"的学生。他理解丛飞："他圆满地完成了自己的使命。愿他在另外一个世界里继续做善事。"

深圳航空公司的温健萍乘务长等3名空姐，手持黄白相间的菊花，送别丛飞，慰问昔日的姐妹邢丹。

学生来了，武警战士来了，义工团体来了，

公司职员来了，机关干部来了……爱他的人和他爱的人，都来了。

写在条条挽联上的"丛飞爸爸"、"校长"、"爱心大使"、"丛飞大哥"等各种各样的称呼，无声地诉说着一个个对于丛飞不能忘却的回忆。这些故事，从各个方面，定格了一个完美而高尚的灵魂。

大爱无疆，山区人民和受捐学生忘不了丛飞。从重庆乘飞机专程赶来深圳参加丛飞遗体告别仪式的张世文说："重庆志愿者总队 20 万名爱心人士对丛飞关爱他人、奉献社会的精神非常敬佩，重庆市的 200 多名志愿者还将在长江、嘉陵江汇合处，举行放河灯仪式，怀念丛飞。"

"善意长留，苗乡父老惜甘雨。赤诚还在，古镇学童怨鹧鸪。"这是贵州省织金县送别丛飞花圈上的挽联。

织金是丛飞捐助学生最多的地区。丛飞去世后，织金县委县政府真诚感谢丛飞多年来对失学孩子的资助，派专人来参加丛飞的遗体告别仪式，并送来一幅雕刻有丛飞头像的黑色大理石屏风，上面雕着"爱星乘风归去，爱心永驻人间"。他们以拙朴的形式，表达山区人民和受捐学生的缅怀之情。

湖南残疾人胡诗词，在生活陷入绝境时得到丛飞慷慨资助，从而解决了他生活问题，实现了他的文学梦。如今，胡诗词已经成为县作协常务副主席。丛飞病重时，胡诗词多次提出还钱。丛飞坚决不要，说："如果你生活上宽裕了，就用这些钱领养失学儿童吧。"

"我目前已领养了 6 个孩子。条件允许的话，我会像丛飞一样，帮助更多的人。"胡诗词说。是的，怀念丛飞，最好的形式就是学习丛飞精神。

　　遗像上的丛飞，面对着每一个对他依依不舍的人们，仍是一如既往的微笑。他有理由微笑。因为在他身后，对他的爱的领悟，涌起了温暖的感动；对他的奉献的理解，化为了参与的行动；对他的精神境界的仰望，激起了对人生使命的思考。

　　来自益田村的张女士抱着不满半岁的婴儿，耐心地在太阳下排队，等候进入告别大厅。记者问她："大热天抱着孩子参加丛飞遗体告别仪式，是家中没有人带孩子吗？"她说："有人带孩子，是我特意把孩子带来的，希望让孩子从小就感受爱心精神，长大后以丛飞为榜样，做有爱心的人。"

　　深圳中南出租汽车公司的李卫钊副总经理带领"丛飞爱心班"的 6 名司机，参加丛飞遗体告别仪式。他说："我们佩服他，会一辈子学习他，做一个奉献社会的好人，一个有真正价值的人。"

　　龙岗区丰丽小学一年级学生陈婵莹拿着与丛飞的合影，在灵堂泪别"干爸"。父亲摸着她的头，一再嘱咐她："你要像丛飞叔叔一样，做一个最有爱心的人。"

　　家住银湖社区的 60 多岁的刘阿姨，坐着第一批到达的专线大巴来到了市殡仪馆丛飞遗体告别仪式现场。"以前不敢去医院探望他，怕打扰他治疗。今天早上5点钟我就起身了，来送他最后一程。"刘阿姨红着眼睛说："我现在最大的希望，就是这个社会上，每个人都能学一点丛飞的爱心。"

龙华爱心之家的曹昊、张海文为丛飞送来巨幅挽联："你走了，音容犹在，爱心永存，留下一束阳光。我来了，继承遗志，延续爱心，告慰九天英灵。"

一袋又一袋纸鹤倾倒在纪念柜里。成千上万只纸鹤，迎着阳光，仿佛要随风飞起，去到一个纯净的世界。

一只纸鹤上这样写着：飞吧，飞吧，从草丛中飞起的你，原本就属于纯净的蓝天。

满眼是丛飞生前最喜欢的百合花。持花的人有泪，泪中有怀念，有感动；有付出的渴望，更有对未来的坚强。

➡ 夫志妻承

★★★★★

　　丛飞去世后，时任团中央书记处第一书记周强委托时任深圳团市委书记张文专程来到丛飞家中，向丛飞亲属表示亲切慰问。张文代表团市委将丛飞生前的"2478"编号义工证颁发给他的妻子邢丹，并授予丛飞"市义工联艺术团团长"终身荣誉称号。

　　周强自了解到丛飞的事迹之后，始终关注丛飞的病情进展，并批示团中央志愿者工作部、中国青年志愿者协会、共青团广东省委做好丛飞事迹的宣传学习工作，在广大青年中形成弘扬志愿精神、构建和谐社会的热潮。得知丛飞不幸去世的消息后，周强专门给张文打来电话，表达对丛飞去世的沉痛悼念，盛赞丛飞是青年的楷模、义工的骄傲，是践行社会主义荣辱观的杰出典范。他身上所体现的正是"奉献、友爱、互助、进步"

的青年志愿者精神，集中体现了当代中国青年的时代风貌。他虽然走了，但仍然是千千万万青少年、青年志愿者学习的榜样，他的精神将继续感召和鼓舞更多的人投身到志愿服务中去。周强委托张文向丛飞亲属转达他的深切慰问，并委托团中央书记处书记尔肯江·吐拉洪专程来深参加丛飞的追悼会。

为纪念丛飞在义工事业中的杰出贡献，深圳团市委决定为丛飞永远保留深圳市义工联艺术团团长称号，并按照丛飞遗愿，将他生前的义工编号"2478"转授给他的妻子邢丹，使丛飞的爱心事业得以延续。

在丛飞的家中，时任深圳团市委书记的张文把"深圳市义工联艺术团团长"终身荣誉证书交到邢丹手中，并和她一起把证书摆放在丛飞遗像旁。张文说："丛飞是深圳市义工联艺术团的创始人，我们把义工联艺术团团长的称号永远留给他，以此来纪念丛飞同志，让所有的义工和广大市民永远记住丛飞，怀念丛飞。"随后，张文向邢丹颁发了一张印有"2478"编号的《深圳市义工服务证》，并将丛飞生前曾经用过的义工徽章和红色义工帽交给邢丹。

"'2478'不仅仅是一个号码，它标志着一种精神，它将使更多有困难的人得到帮助。"张文表示，团市委、市义工联一定会继承丛飞同志的遗志，动员广大青年投身义工服务，奉献爱心，大力弘扬义工精神，市青少年发展基金会丛飞助学专项资金将继续资助丛飞捐助过的贵州山区的孩子们，义无反顾地把丛飞的爱心事业继续进行下去。

天使遇难

邢丹被飞石夺命

★★★★★

　　丛飞病逝后，邢丹一边独自抚养年幼的女儿邢小丛飞，一边继承丛飞的爱心事业，在繁忙的工作之余，参加各种社会志愿服务，并继续在有限的工资收入里资助贫困的学生读书。丛飞生前最后一段日子，拿出3万元钱捐给深圳打工子弟学校展华实验学校，建立起了"丛飞助学基金"，用以帮助那些生活困难的打工者子女。丛飞病逝后，邢丹继续着这份爱心，经常赶到展华实验学校看望孩子们，并从自己的工资中拿出一部分钱来为丛飞助学金注资。

　　在贵州贫困山区那些接受丛飞资助的孩子们眼里，虽然"爸爸"丛飞走了，但邢丹依然关心着他们，依然是他们可亲可爱的"妈妈"。她用自己执著的行动纪念丈夫丛飞。

　　"她还不到30岁，不能就这样一辈子

孤身生活下去呀！"丛飞病逝后，我每次去邢丹家，她的母亲都这样向我表达内心的忧虑。她知道 25 岁开始守寡的女儿内心有多么凄苦，尤其是每当年幼的邢小丛飞缠着妈妈"要爸爸"的时候，邢丹眼里闪动的泪光，让她这个母亲心如刀绞。

依邢丹的美丽和善良，要找一个人结婚，确实容易。然而，每当亲戚朋友为她张罗介绍男友的时候，邢丹都是无奈地摇头："算了吧，你们别为我操心了。"渐渐地，母亲知道，在女儿的心里，谁也无法取代丛飞的位置。

就这样，年轻的邢丹在丛飞病逝的 5 年时间里，一边工作一边抚养他们年幼的女儿。每年的 4 月 20 日丛飞祭日这一天，邢丹会带上洁白的百合，来到深圳吉田墓园丛飞的灵前，向他诉说心中的刻骨思念。

2011 年 4 月 5 日那天晚上，邢丹打电话给朋友说："本打算今天去看看丛飞，可单位里的事情太多，没有去成，心里总有一种空空的感觉。"听了她的话，对方有些奇怪："你不是说清明节不属于丛飞么，怎么忽然想这一天去看他啦？"

"我也不知道，只是今天心里特别想他。"没说几句话，邢丹就放下了电话，满腹心事。也许，她冥冥之中预感到了什么。

果然，她再也没能等到 4 月 20 日的那一天。2011 年 4 月 13 日夜里，灾难突然降临，夺去了她不满 30 岁的生命。

4 月 13 日 22 时 45 分，惠东县公安局 110 报警服务台接事主黄某报称，其驾驶的汽车在惠深沿海高速公路往深圳方向行驶至惠东稔山路段时，前挡风玻璃被路边飞出的石块击穿，坐在副驾驶位置的邢丹头部受伤。14 日零时 20 分，邢丹经大亚湾区霞涌医院抢救无效死亡。经初步鉴定，死者左面部受钝物撞击致左下颌粉碎性骨折闭合性颅脑损伤死亡。警方调查走访得知，有目击者反映当晚有三名男青年在案发现场附近逗留过，专案组组织警力追查该三名可疑男子，他们分别是时年19岁的黄某泉、17岁的蔡某成和15岁的林某健。警方认定，砸中邢丹车子的正是林某健，只有15岁，他们的作案动机仅仅是为了取乐！

三名犯罪嫌疑人都来自惠东县稔山镇石头村，离出事地点大约一公里，以该村村长林茂平的话说，这三个孩子都是在特殊的家庭里长大的，都已辍学，又缺乏家庭教育。去年4月份，记者曾到该村探访，全村170户900多人，很多人都出外打工了，留守的老人孩子则以靠种土豆和水稻为生。

几个小时后，"邢丹被飞石抢劫毙命"、"苍天不公，天使遇难"的帖子在网络上飞传，受到国内媒体广泛关注。"天使遇难"令所有善良的人们悲痛万分，无法接受这个残酷的现实。国内各大网站均以极大的关注来跟踪，成千上万的人们禁不住一次又一次这样发问：命运为何对邢丹这样一个天使般的生命如此不公？！

有网友在网上给邢丹设了纪念馆，不少网友在上面献花圈、点香烛、鞠躬、祭酒。一名署名"廖珍"的网友写道："一路走好！天堂上有你们这对善良的好人，愿苍天保佑你们的家人和孩子！"

深圳人忘不了，2011年4月18日上午，在全城举哀的邢丹告别会上，邢丹的母亲肖素坤和父亲邢振祥以及年仅5岁的邢小丛飞都已悲伤过度支撑不住，他们一直坐在那里无法站立。邢妈妈和邢爸爸悲恸欲绝："5年前我们失去丛飞的伤痛还未消失，现在又失去了唯一的女儿，他们的孩子只有5岁啊，剩下我们这两老一小，今后可怎么活下去……"

其实，在与邢丹最后告别的时候，悲恸欲绝的不仅是邢妈妈和邢爸爸以及年仅5岁的邢小丛飞。那些多年来一直受丛飞和邢丹资助的贫困学生、那些一直接受他们关爱的残疾人朋友以及那些被他们无数次感动的人们，在那泪飞如雨的时刻，个个伤悲得不能自拔。

告别会上，署名"女儿朱圆"的花圈引起了记者注意。在邢丹朋友的帮助下，记者找到朱圆，原来，她是丛飞和邢丹在贵州抚养的孤儿，现已在深圳工作，专程来深圳殡仪馆悼念邢丹妈妈。

朱圆说，她今年23岁，因是孤儿，读小学时就开始接受丛飞的帮助。"认识邢丹妈妈是在2003年。那年，丛飞爸爸和邢丹妈妈一起到贵州看望我。我家住在大山里，不通汽车，邢丹妈妈走了一个多小时才走到，脚都磨破了。看到我是一个孤儿，邢丹妈妈抱着我痛哭，说愿意做我的妈妈。从那时起，我就叫他们爸爸、妈妈。"

朱圆现在宝安区一个工厂里工作。在深圳的几年里，每年清明，她都到丛飞的墓前祭扫。清明节，她和邢丹一起祭扫丛飞的墓，不想才十几天，邢丹又离去。朱圆泣不成声地说："邢丹妈妈走了，我又是孤儿了。我今天就是怀着感恩的心情，送她最后一程。"她说，邢小丛飞也和她一样成了孤儿，她希望小丛飞和她一样能坚强成长。

前来送别的还有深圳展华实验学校的 52 名学生。带队的校领导张艺告诉记者，2005 年 7 月 6 日，当时病重的丛飞从社会为其捐赠的治病款中拿出 3 万元，在深圳展华实验学校设立"丛飞助学基金"，用以资助品学兼优的贫困学生。丛飞去世后，邢丹接过丛飞的爱心旗帜，不断为这个奖学基金奉献爱心，每学期都会亲自为孩子们颁奖。现在邢丹也随丛飞而去，展华的孩子们怀念他们，要送邢丹最后一程，让她一路走好。他们敬献给邢丹的花圈上的挽联，表达了他们的心愿："接力丛飞慈善芳名泽千古，传承人间大爱亮节昭后人。"

说起邢丹的不幸去世，刘家增悲痛不已。刘家增是丛飞和邢丹夫妇的生前好友，他说，4 月 20 日是丛飞去世 5 周年祭日，他十天前还与邢丹约定，要在 20 日一起到丛飞墓上祭奠，谁料，距丛飞的祭日只差一周，突降之灾却夺走了邢丹的生命！

"看来，丛飞和邢丹只能在地下相会了……"刘家增说罢，满脸是泪。

"我不能阻止你们远去，但我能记住你们的爱！""邢丹，你爱这个世界，这个世界也爱你！""邢丹，一路走好！""邢丹，天堂的那边，你会永生……"在邢丹告别会那天，一幅幅白色的挽联，一张张悲痛的泪脸，从早晨7时开始在深圳殡仪馆大礼堂前聚集。尽管告别会定于上午10时举行，但成百上千的市民却提前几个小时赶到了这里。

"为了能及时参加邢丹告别会，我一家三口早晨6时多就从盐田往这边赶了。"第一批赶到深圳殡仪馆的市民林先生说起心中的英雄丛飞和邢丹，两眼始终含泪。虽然要在这里等待近3个小时才能到告别会开始，但他和妻子始终十分耐心："丛飞和邢丹为社会做了那么多，我们在这里等几个小时算什么。"

全国无偿献血金奖获得者、深圳红十字会义工高敏来了。她说，从得知邢丹罹难的消息那天起，她就一直吃不下饭睡不着觉，不愿相信这样一个残酷的事实。见到邢丹家人的那一刻，她忍不住抱住他们失声痛哭："5年前送别丛飞，今天又送别邢丹，这样好的两个人，怎么会这样匆忙地离去，真是苍天不公啊！"

中英街上"活雷锋"陈观玉来了。她手举着为邢丹画的一幅"一路走好"的手工画，在邢丹的遗像前痛哭："好孩子，你只有30岁，经历了那么多辛苦，好不容易盼来了孩子长大的时候，你却这么突然地离开了！"

市民杨羊大病未愈来了。她身患乳腺癌化疗期刚过，身体还十分虚弱。为了参加邢丹的告别仪式，她也起了个大早赶来。

她说："丛飞和邢丹的奉献精神让人感动，他们高尚美好的爱情同样令人感动。我一夜没睡折了66只纸鹤，并在每只纸鹤上写上自己的心里话：我不能阻止你们远去，但我能记住你们的爱。你们并没有走远，你们在天上微笑地注视着我们！"

丛飞助学金资助的打工子弟校宝安展华实验学校的孩子们也来了。"邢丹阿姨，一路走好"、"邢丹阿姨，展华学子怀念您"。孩子们个个无法抑制热泪，有的痛哭失声。该校校长张艺说，丛飞在 2005 年身患癌症住院后，用 3 万元钱在展华

◁ 丛飞在医院接受化疗期间，怀有身孕的邢丹一直守在病房里照顾他

实验学校建立起了"丛飞助学基金"，并担任学校的德育校长。在生命的最后一年时间里，他多次抱病到学校看望鼓励孩子们，并给学生们上了几次思想品德课，引导孩子们从小树立奉献社会的高远志向。丛飞去世后，邢丹没有忘记孩子们，接过了这个爱心接力棒，每年都要几次赶到该校看望学生，并在自己的工资中节省出钱来捐给"丛飞助学基金"。就在一周前，邢丹还给张艺打来电话，说要来学校看望几个困难学生，再捐几千元钱。没有想到，她的话音还在张校长的耳边回响，而人却永远地离去了。

邢丹不幸罹难的消息传到学校后，师生们连夜动手，几天的时间里就折了4000多只纸鹤，赶在邢丹告别会上为她送行祈祷。

在长长的悼念人群中，有一个男子手举"深圳玫瑰，邢丹走好"的木牌，引来众多赞赏的目光。这名男子告诉记者，他是一名义工，刚从韩国回来就听到邢丹离去的噩耗。他觉得，邢丹的人生、邢丹的为人就像一朵玫瑰，她是那么善良、可爱、可敬，因此，他制作了这块写着"深圳玫瑰"的木牌。"称邢丹是'深圳玫瑰'，真是再恰当不过！""她的爱心，她的美丽，都与这称呼相配！"于是，不少人拿出了相机，拍下了这个场面，也有人凑上前去，与"深圳玫瑰"合影留念。

一些受<u>丛</u>飞精神感召、和邢丹素不相识的市民也赶来了，他们来自各行各业，有的是公务员，有的是公司职员，有的是服务员，有的是司机、清洁工……

后 记

丛飞就这样走进我视线

我从 2005 年 4 月 5 日首次发现报道丛飞到 2006 年 4 月 20 日送别丛飞，这中间经历了 380 多个日子。可以说，我每天都被一种感动包围着。采访他的过程，是一个受教育的过程，也是一次灵魂升华的过程。

中午接到深圳市民报料

2005 年 4 月 5 日中午 12 点 50 分，《深圳特区报》"徐华工作室"的报料电话响了，工作室记者刘娜赶紧接起。双方聊了一会儿，刘娜走过来对我说："有一位姓韦的通讯员说要报料，并且一定要亲自对您讲。"

"我找了您一上午，终于找到您了！"我刚接过电话，他就急切地这样对我说。"有一个叫丛飞的歌手，资助了 100 多个贫困山区的孩子，如今他病了，胃出血，连治病的钱都拿不出来了，他资助的几位大学生已经走向社会并有了不错的收入，但对他都比较冷漠。他现在病得很可怜，你能不能报道一下他的情况？"

我立即意识到这不是一般意义的求助电话。一个无私资助了100多个贫困学生读书的歌手，为什么会陷入没钱治病的困境？新闻记者的责任感驱使我放下手中的其他工作，投入到对丛飞及其周围人的调查和采访中。为了不让病中的丛飞过于劳累，也为了使我的采访更具客观性，我决定绕开丛飞，先打"外围"——我先通过丛飞家人、朋友及义工们了解丛飞及他所资助的100多名贫困学生。

"不能让好人流血又流泪"

　　一连几天，我先后接触了十几位曾与丛飞一起去贵州捐资助学的团市委工作人员、与丛飞一起为社会奉献的深圳义工联义工以及他照顾多年的莲花北残疾人康复站的残疾人，还通过电话采访了湖南、贵州等地接受丛飞资助的贫困学生及学校领导。随着采访的深入，丛飞坚持10年为社会无私奉献的感人形象渐渐鲜活起来：他不但资助着100多名贫困山区的失学儿童，还供养着60多名孤儿、残疾人。为了帮助这些弱势群体，他省吃俭用、拼命工作，挣来的演出收入绝大部分都捐献了出去。他被人称为"爱心大使"真是当之无愧！由于把全部积蓄都资助了孩子们读书，他此时身患重病却无钱医治，只能用些廉价药维持着。

　　我先后采访的20多名采访对象中，有男有女，有老有少，他们谈起丛飞时都忍不住内心的激动，无一例外地几度泪流满面，为他倾其所有的奉献精神，更为他贫病交加的艰难处境。看着了解丛飞者的动情泪水，听着他们一件件动人故事的描述，再听听丛飞对幸福和快乐的理解，我的心禁不住激动起来："如果社会对这样一个无私奉献的人不能伸出援助之手，不能对忘恩负义者进行谴责抨击，还谈什么弃恶扬善，还谈什么弘扬社会正气? 绝不能让好人流血又流泪! "

至此，丛飞事迹的真实性和人物分量已经在我的心中有了准确的新闻定位。我抑制住内心的激动，一次又一次地告诫自己 : "不要急于发稿，一定要挖深挖透再强势推出! "于是，我再次安下心来详细采访丛飞及其妻子、母亲及恩师郭颂，抓住一些颇能反映丛飞精神境界的细节狠下功夫。

第一次去丛飞家，令我十分惊讶: 那是怎样清贫的一个家呀! 58 平方米的家里，没有一件像样的家当，5 个房门有 3 个是坏的，就连防盗门都破出了半尺多长的大洞。简陋的厨房里只有一个煤气炉灶和几个盆碗，连个碗橱都没有。最令人难忘的是他一家人的衣柜，里边装的都是些几十元的廉价衣物，有的甚至还缝补多次……一个有着"广东省优秀歌唱家"荣誉的知名歌手，每场演出的出场费高达上万元的演员，10 年来资助给贫困学生及残疾人的钱超过 300 万元的慈善人物，过的竟是如此俭朴的生活! 我眼里禁不住涌出了泪花。丛飞却这样安慰我说 : "我的生活虽然俭朴了些，但比起我所资助的那些孩子家，不知道要好过多少倍。人的物质欲望是无止境的，我把多余的钱用在改变更多孩子的命运上，是一件比吃得好住得好更有意义的事情。"

令我感动的还有丛飞家里的那个保险柜，那里边没有一样值钱的物品，也没有任何现金或是存折，装的竟是他所资助的 100 多个孩子写给他这个"爸爸"的来信及孩子们的照片。他说 : "看着孩子们一年年成长起来，我觉得有一种特别的成就感。"就是这种特别的成就感激励着他在那条布满艰辛的爱心路上乐此不疲。

丛飞事迹撼人心魄

采访丛飞时，他已经大口吐血。因为3个月不能演出而没有收入，没有医疗保险的他陷入了无钱治病的困境。医生提示他如此下去会有生命危险，建议他尽快住院治疗。然而，在医院里，他只住了3天就出院了，因为他已经没钱交医疗费了。

"你把那么多钱都捐给了别人，而自己陷入了这样一种困境，后悔吗？"听了我的问话，他苍白得没有血色的脸上浮现出一种特别的坚定："不后悔！做这些事情都是我心甘情愿的，我永远都不会后悔。只是，个别孩子的自私与冷漠让我感到有点伤心，没有想到自己省吃俭用供出来的大学生会没有感恩之心。"

怀着一种令人难以平静的感动，怀着一种对丛飞这位无私奉献者和忘恩负义者美与丑的两种强烈震撼，我用一个晚上的时间一气写成了4000字的长篇通讯《有点伤心，但不后悔》，发表在4月12日的《深圳特区报》鹏城今版上。报道见报当天，本报的热线电话立即火爆起来，读者们情绪激动地向记者表达着他们的强烈感受以及对丛飞奉献精神的无比敬佩，要求向丛飞提供爱心捐款的市民很多。次日，我又以《不能让好人伤心》为题，报道了读者对丛飞的无限关爱之情。在接下来的10天里，我连续发表了7篇长篇特写，从不同侧面反映丛飞的无私奉献精神和高尚品德：《我们一辈子都忘不了他——丛飞资助的孩子深情说"爸爸"》、《我为他骄傲——丛飞妻子谈丛飞》、《丛飞现象折射社会问题——社会学专家谈丛飞》等。随着报道的不断深化，读者对丛飞的敬佩之情越来越浓，纷纷要求给他捐款治病。然而，一直资助别人的丛飞却说什么也无法在短时间内接受被人捐助的角色转换，宁肯不治病也不要市民的捐款。

将丛飞送进医院

一边是丛飞不肯接受市民的援助，一边是他的病情一天天地恶化，人已变得有些精神恍惚。"你如果再不住院，后果会很严重。"我一次又一次地这样对他说，希望他马上住院。然而，丛飞就是不肯："住院的费用太大了，我还是在外边自己吃药治吧。"一个多次大口吐血的病人，不住进医院有多危险，可想而知。面对丛飞严峻的健康状况，我和他的家人都特别担心。

"怎么才能让丛飞住进医院接受正规治疗呢？"思来想去，我想到了一个办法：如果通过朋友帮他办好住院手续，又可以暂时欠付医疗费，就不愁他不接受治疗！于是，4月22日中午，我找到了深圳市第一人民医院医务部的主任王玉林，希望他能帮忙。当我把丛飞如何助人为乐又如何身陷困境的情况向他详细介绍完后，他被深深感动："这样一个好人，应该得到好报。我把这件事马上向院长汇报，然后再给你电话。"

一个小时后，王玉林给我打来电话："院长同意先让丛飞住院治疗，医疗费可以暂时拖欠。"他表示会马上为丛飞安排好床位。放下电话，我兴奋地找到丛飞和他的妻子邢丹："人民医院同意接收丛飞马上住院治疗，而且医疗费不成问题，你马上去住院吧！"丛飞犹豫不决："这样能行吗？""人民医院已经给你安排出床位了，你必须马上去住院。"我叮嘱邢丹无论如何要把丛飞"押"进医院。

就这样，4 月 22 日下午，丛飞正式住进了人民医院消化内科病房，开始接受正规治疗。

在消化内科主任朱惠明的重视下，丛飞的身体状况有了明显改观，持续了一个多月的血便消失了。那些天，我每天都要去医院看望丛飞，了解他的治疗情况。看到他一天比一天精神起来，我和他的家人一样，感到特别高兴。然而，他的主治医王立生博士却没那么乐观，他依然劝说丛飞在人民医院接受一次胃镜检查，最好做一次活检化验。5 月 4 日，丛飞做了胃镜及活检化验。一周后，化验结果出来了，令人震惊：丛飞患的是低分化腺胃癌——癌症中恶性程度最高的一种。那一刻，我们在场的每一个人都哭了。5 月 13 日，丛飞接受胃癌切除手术，结果令人更加伤心：他的癌细胞已经扩散……

丛飞感动中国

手术前一天，趁着家人不在，丛飞向我托付三件事："如果我手术后下不了手术台，请你先帮我说服妻子邢丹拿掉孩子，她刚 24 岁，独自带个孩子太难生活；第二件事是要呼吁更多有爱心的人来帮助那 100 多名贫困学生继续读书，别让他们因交不起学费而重新辍学；第三件事是帮我说服父母同意我身后捐献眼角膜。"

次日的手术虽然没有出现危急状况，他顺利下了手术台，但医生们的心情同样格外沉重：癌细胞已经从他的胃部向肠管、向胰腺、向淋巴广泛扩散，手术已经失去意义，他被剖开的腹腔，只好被医生无奈地重新缝合。

为了尽最大可能延长丛飞的生命，医生决定采用大剂量的化疗来控制癌细胞的扩散。这对于身体特别虚弱的丛飞来说，一连 4 个疗程的化疗令他痛苦不堪，他经常一天十几次拉肚子，浑身酸痛难忍。我在第二人民医院找到一位中医，对丛飞的身体进行中药调理。那段时间，我每周两次开车拉他去那里就医，并帮他支付医药费。经过一个多月的治疗，丛飞的腹泻虽然止住了，但身体的其他状况却在持续恶化。到 2006 年 3 月，他已经不能喝水、吃东西了，完全靠打营养液维持生命。于是，他不希望再在他身上浪费钱了，要求医院对他停药。那时，在市领导的关怀下，丛飞的医疗费已经由政府负责。然而，丛飞觉得，国家的钱也是钱，要用这些医药资源去救助那些有治愈希望的人。

"停药就意味着死亡，你不能这样做呀！"面对父母家人的恳求，丛飞非常坚持。

2006 年 4 月 20 日，怀着对这个美好世界的无限眷恋，丛飞的心脏停止了跳动。他去世二十分钟后，医生依其遗嘱，取出了他的两片角膜，给 6 个失明者送去了光明……

《深圳特区报》关于丛飞的报道在社会各界引起强烈反响，国内各大网站和媒体争相转载《深圳特区报》的连续报道，丛飞的事迹感动了全社会。中央电视台颇为罕见地先后出动 8 个栏目组来深圳采访报道丛飞，《新闻联播》、《经济半小时》、《艺术人生》、《文化访谈》、《焦点访谈》、《面对面》、《中国周刊》、《共同关注》、《东方之子》等 12 个名牌栏目争相报道丛飞的感人事迹，我也先后两次应中央电视台邀请去北京录制关于丛飞的专题节目，与朱军、马东等央视主持人一道向全国观众详谈丛飞。新华社《人民日报》《中国青年报》、《光明日报》、《工人日报》、《经济日报》、《北京青年报》

等国内超百家主流媒体随后也连续报道丛飞的感人事迹。丛飞当选"中国慈善人物"、"2005 年感动中国人物"。

　　从发现报道丛飞到丛飞去世，以及参加中宣部和中央文明办组织的丛飞先进事迹报告会在全国进行巡回报告，我在感动与震撼中走过了一年半的激情岁月。这是我记者生涯中永远难忘的一段经历。

　　在丛飞告别我们七年之后，应吉林文史出版社王尔立女士邀请，我再一次走进丛飞的世界，向读者全面介绍丛飞。只是，这一次写丛飞，心中又添了一层伤悲，因为我在回忆丛飞的悲伤思绪里，他美丽贤惠的妻子邢丹也成了我要追忆的人。我想，就用这本书，作为我对他们"在天愿做比翼鸟，在地愿为连理枝"美好爱情的一种特别纪念吧，愿他们高尚的灵魂永恒，愿他们伟大的爱情永生！

徐　华

2012 年 6 月 5 日于广东

/100位

新中国成立以来感动中国人物 /

丁晓兵　马万水　马永顺　马恒昌　马海德　中国女排五连冠群体

孔祥瑞　　孔繁森　　文花枝　　方永刚　　方红霄　　毛岸英

王　杰　　王　选　　王　瑛　　王乐义　　王有德　　王启民

王进喜　　王顺友　　邓平寿　　邓建军　　邓稼先　　丛　飞

包起帆　　史光柱　　史来贺　　叶　欣　　甘远志　　申纪兰

白芳礼　　任长霞　　刘文学　　刘英俊　　华罗庚　　向秀丽

廷·巴特尔　许振超　　达吾提·阿西木　邢燕子　　吴大观

吴仁宝　　吴天祥　　吴金印　　吴登云　　宋鱼水　　张　华

张云泉　　张秉贵　　张海迪　　时传祥　　李四光　　李春燕

李桂林和陆建芬夫妇　李素芝　　李梦桃　　李登海　　杨利伟

杨怀远　　杨根思　　苏　宁　　谷文昌　　邰丽华　　邱少云

邱光华　　邱娥国　　陈景润　　麦贤得　　孟　泰　　孟二冬

林　浩　　林巧稚　　林秀贞　　欧阳海　　罗映珍　　罗健夫

罗盛教　　草原英雄小姐妹　　赵梦桃　　钟南山　　唐山十三农民

容国团　　徐　虎　　秦文贵　　袁隆平　　钱学森　　常香玉

黄继光　　彭加木　　焦裕禄　　蒋筑英　　谢延信　　韩素云

窦铁成　　赖　宁　　雷　锋　　谭　彦　　谭千秋　　谭竹青

樊锦诗

图书在版编目（CIP）数据

丛飞 / 徐华著. -- 长春 ：吉林文史出版社，
2012.8（2022.4重印）
（100位新中国成立以来感动中国人物）
ISBN 978-7-5472-1177-9

Ⅰ. ①丛… Ⅱ. ①徐… Ⅲ. ①丛飞（1969～2006）—
生平事迹—青年读物②丛飞（1969～2006）—生平事迹—
少年读物 Ⅳ. ①K828.4-49

中国版本图书馆CIP数据核字(2012)第208039号

丛 飞

CONGFEI

著/ 徐华

选题策划/ 王尔立　责任编辑/ 王尔立 李洁华 任玉茗

装帧设计/ 韩璘

出版发行/ 吉林文史出版社

地址/ 长春市福祉大路5788号　邮编/ 130118

电话/ 0431-81629363　传真/ 0431-86037589

印刷/ 天津海德伟业印务有限公司

版次/ 2012年8月第1版 2022年4月第4次印刷

开本/ 640mm×920mm 1/16

印张/ 9 字数/ 100千

书号/ ISBN 978-7-5472-1177-9

定价/ 29.80元